勉強計画

～難関国公立大学医学部に現役合格する～

メディ之助

はじめに――現役合格に必要な2つのこと――

この本を手に取ったあなたは、今どんなことを考えていますか？

「医学部に合格したい！」
「成績を伸ばしたい！」
という思いはもちろんありますよね。

しかしそれ以上に
「どうすればいいかわからない……」
という気持ちを抱えているのではありませんか？
迷いを解消する手がかりを探すためにこの本を開いたはずです。

そんなあなたはすでに合格への一歩を踏み出しています。
「わからない」という気持ちを放置せず、

自分なりにできることを考えているからです。

現役合格に必要なことは2つあります。
1つはこの
「自分で考える」ということ。
そしてもう1つは
「正しい勉強計画を立てる」ことです。

正しい勉強計画を自分で立て、自分で勉強を進めれば、
必ず合格への道がひらけます。

特別な才能も
有名講師の授業も
親のコネも必要ありません。

とはいえほとんどの人は何が正しいのかわからないと思います。
僕自身、以前はそうでした。

何が正しいかという「基準」がなければ、
正しい勉強計画を考えられるはずがありません。

そこでこの本では正しい勉強計画を考えるための
「基準」を紹介したいと思います。
具体的には**「いつ」「何を」すべきかという計画の原則**のことです。

もちろん人によって勉強の進度も置かれた環境も違うので、
僕があなたに時間単位の詳細な計画を提示することはできません。

しかし計画の原則は、医学部受験生全員に当てはまるものです。
あなたは原則という「基準」をもとに自分なりの計画を立て、
それをこなしていけば良いのです。

どうですか？
少し視界が開けたような気がしませんか？

あなたを合格に導く手がかりはもうすぐそこです。
自分の手で将来を切りひらきましょう！
どうか最後までお付き合いください。

もくじ

第3章 公立中学生へ

自己紹介

名前

旧帝国大学医学部1年生のメディ之助です。
［連絡先：medinosuke227@gmail.com］

個別に質問があったらぜひメールしてきてください。
（メアドを勝手に他の人に教えたりはしないように……）
家庭教師のご依頼もお待ちしています。

経歴

・地元の公立小学校・中学校を卒業。
・小学生の頃からなんとなく医師になりたいという思いを抱く。
・高校受験を控えた夏休み、雑誌を読んで医学部受験の厳しさを知る。
・医学部を目指す上で勉強の遅れを感じ、私立中高一貫校に高校から進学。
・センター自己採点840点
・2020年度入試で旧帝国大学医学部に現役合格。

だいたいこんな感じです。僕のように中高一貫校に高校から入る経験をしている人はなかなかいないと思います。

こんな変わった経歴を生かして、この本では公立と私立の2つの視点から、勉強計画の原則をお伝えしたいと思います。また、僕と同じく中学から医学部受験について考えている人も多いと思います。当時の僕がほしかった情報を含めて、中学生に向けた話も用意しているので、ぜひ読んでみてください。

✎選択科目

理科→物理・化学

社会→地理

選択していない科目について無責任なことは言えないので、この本では基本的に言及していません。ごめんなさい……。

ただし、社会は配点も小さく、勉強計画に大差を生まないので地理以外についても書きました。

部活動

中学・高校と剣道部に所属していました。
練習は週5。引退は高3の5月でした。

大した活躍はできませんでしたが、練習は真面目に通っていました（笑）。この本を読む人の中には、入部するか迷っている人もいるかもしれません。そういう話を含めて部活動についてはコラムで詳しく触れたいと思います。

得意と苦手

得意科目↓英語・物理・（現代文）
苦手科目↓数学
僕は典型的な努力型でした。勉強して点の伸びる教科は得意だし、それ以外は平均並み。現代文はもともと文章を読むのが好きだったので、棚ぼた的に得意になっただけです。
読み進めてもらうとわかる通り、現代文について偉そうに書いているページがありますが、あしからずご容赦ください。できるだけ参考にしやすい話を書いたつもりです。

第1章

勉強計画の大原則

本書の使い方

もくじを見てもらえばわかる通り、

4大原則↓教科ごとの原則↓学年・学校ごとの原則

という順番で話を進めていきます。

一度受験勉強の全体像を把握してからのほうが、個別の話がわかりやすくなると思うので、ぜひこの順番で読んでください。なかには内容が重複する部分もありますが、確認のつもりで目を通してもらえると嬉しいです。

学年・学校ごとの原則は自分に適した章だけを読んでも構いません。ただ、関係のない章を読むことで他の受験生の状況だったり、この先の見通しだったりを持てると思うので、一度は全体を通して読むことをおすすめします。

すべき勉強や時期は章の最後にまとめました。読み終わったら、その部分をもとに計画を立ててみましょう！

また、コラムでは勉強計画というテーマからは逸脱し、受験全般について何か参考になるような話を用意しました。選択科目や面接など医学部受験生としては知っておきたい情報をたくさん盛り込んだので、読んでもらえると嬉しいです。

この本を読み進めていく中で質問があったら、遠慮せず『自己紹介』のところで書いたメアドに連絡してきてください。1日以内には返信します。わからないことはすぐに解決しましょう！

使い方はざっとこんな感じです。
それでは本題に入ります。

医学部受験の心構え

ここではまず、受験勉強にあたって大切だと思う心構えから説明します。「努力あるのみ」みたいな精神論的な話ではなく、僕が実際に意識していたことを書いたので、今からでも役に立つはずです。

＊共通テストは気にするな

あなたの受験をより一層悩ましいものにしているのが、この共通テストの存在ではありませんか。ただでさえ新しいテストで対策法が固まっていないのに、英語民間試験の導入が見送られたり、記述問題が見直しになったり、テストの狙いすらブレていて受験生を動揺させています。受験生全員が同じ状況とはいえ、きっと不安ですよね。あなたがこの本を読む時期にもよりますが、今後5年以上は不確かな状況が続きそうです。

しかし医学部に限って言えば、この制度変更は合否に影響しません。理由は簡単です。**テストが変わっただけで大きく点を落としてしまうような学力では、二次試験を突破できない**からです。

つまり**国公立医学部の二次試験で合格点を取れる学力があれば、共通テストなど余裕**なのです。

医学部を目指すあなたは予備校が競うように宣伝している「共通テスト対策」に気を取られている暇はありません。失礼ですが、そういう付け焼き刃的な勉強はあなたよりレベルの低い人向けです。それよりも**二次試験に向けた地道で確実な勉強**をしましょう。speakingよりも文法です。

＊勉強方法はあくまで「自分」

『はじめに』でも書きましたが、現役合格に必要なのは「自分で考えること」です。この本はあくまで自分で考える「基準」をお伝えすると書きました。だから勉強計画はある程度自分で決められるはずです。

ここで問題になるのが勉強「方法」です。

例えばこんな経験をしたことはありませんか？

あなたより成績の良いＡさんが
「単語帳はひたすら口に出して覚えてるよ」と教えてくれた。
それを聞いて真似したけど、全く頭に入らなかった。

自分より得意な人の勉強方法ってついつい気になりますよね。
また、こんなこともよくありませんか？

「英語長文は音読しろ」と語る予備校の先生が居た。やってみて自分には合わない気がしたが、
超有名講師のおすすめなのでとりあえず続けた。

実績や人気を持つ先生の意見は絶対的なものに思えますよね。お金を払って授業を受けている
人は尚更かもしれません。

もちろんそれぞれの方法が間違っているわけではありません。あなたに合っていなかったので
す。人の能力には違いがあり、あなたに適した勉強方法はあなたにしかわかりません。
ある程度全員に当てはまる原則が存在する勉強計画に対して、**勉強方法の「基準」はあなた自**

身なのです。
この本でも、計画を考える上で必要な分野については勉強方法を紹介します。大切なのはそれを忠実にこなすことではありません。**自分なりの方法へと落とし込む**ことです。勉強方法はあくまで「自分」なのです。

＊完璧は不可能

「微積をマスターしよう」「英文法を完璧にしよう」といった謳い文句をよく目にすると思います。

しかし「完璧」とはどのような状態のことだと思いますか？

参考書を一言一句暗記することでしょうか。どんな問題を出されても満点を取れることでしょうか。

どちらも不可能ですよね。

勉強はあくまで解ける問題が出題される確率を上げる作業です。その確率が１００％になることはありません。

それを踏まえて普段の勉強で参考書や問題集を仕上げる**目安は8〜9割**です。それ以上細かく勉強しても確率が大きく上がることはないからです。8割以上できればその参考書や問題集は「終えた」と言えます。実際に参考書をやってみればわかることですが、8～9割でも時間はかかるし、終わった後はかなりやり切った感覚になると思います。

＊まず手を動かす

計画を立てたらいよいよそれを実行するのみです。しかしいざ参考書を開くと、どう暗記してどう進めていくか悩むと思います。先ほども書いた通りその方法は自分で見つけていくものです。そのためにはまず、手を動かしましょう。**とりあえず1つ方法を決めてその日のノルマをこなす**のです。それを繰り返すうちに良い方法は自然とできてきます。

もちろん「初めから終わりまで決まったやり方で勉強したい」という気持ちはよくわかります。しかし参考書を決まった方法できれいにやり切ることは不可能です。これは『完璧は不可能』の話ともつながります。まずは泥臭く進めて、方法が固まったらそこからきれいにやり始めましょう。

ここまで受験勉強の心構えをお伝えしてきました。今の段階ではピンと来ない話もあるかもしれませんが、勉強を進めるうちに実感できるはずです。

頭の片隅にでも置いておいてください。

4大原則

いよいよ計画の原則に入ります。ここで紹介する4大原則は計画を立てる上で外せません。

①目標を作る

勉強計画を立てる上で何よりも大切なのは「目標」です。これがないと勉強をする意味がなくなります。

もちろん第1の目標は「○○大学の医学部に現役合格する」です。

そこからは連鎖的につなげていきましょう。

「○○大学の医学部に現役合格する」

→

「△△模試で300点以上取る」

→

「5月末までに~を終わらせる」

このように順を追って具体的になるように目標をつなげていくことで、だんだん計画の方向性が見えてきます。

目標を作るのは単に計画を立てるためだけではありません。目標を明確にすることで日々の勉強の意識が変わってきます。

例えば僕は毎日自習を始める前に、「○○大学に現役合格する」とノートに書くのを習慣にしていました。これをやると目標を意識できるし、その後の勉強に集中できます。中3から続けた結果、たった1文の積み重ねでノート1冊を使い切りました。

アメリカの実業家アンドリュー・カーネギーをはじめ数々の成功者たちが「思考は現実化する」という言葉を成功哲学として掲げています。そういう自己啓発的な話は胡散臭いと思うかもしれませんが、大きな目標を達成するためには日々の意識づけが大切です。よかったら参考にしてください。

②暗記と演習は4：6

あなたのここ1ヶ月の勉強を振り返ってみてください。

暗記と演習の比率はどうなっていますか？

この4：6という比率は絶妙で、意外と当てはまる人が少ないのではないでしょうか。もちろんこの比率でなければ、勉強したことが身につかないということではありません。しかし、目安となる数字を意識しないと、どちらか好きなほうに偏ってしまいがちなので原則として紹介しました。偏りが長期間続くと、それが学力の穴となって現れてきてしまいます。日によっては暗記だけ演習だけということはあっても、1ヶ月という長いスパンで計画を考えるときはぜひこの「4：6」という比率を気にしてみてほしいです。

※高3の夏休み明けなど知識がほとんど固まってからは話が別です。受験直前ともなるとほとんどの時間を演習に割くことになると思います。この比率はあくまで高1、高2など、新しい内容を習っている段階の勉強をターゲットにしています。

③日・月・学期の3段階

計画と一口に言っても種類はたくさんあります。その中で大切にしてほしいのは日、月、学期の3つです。

日の計画はその日のノルマです。朝起きてから寝るまでを丁寧に計画しましょう。ポイントは1つ、**時間をノルマにしない**ということです。

合格者体験談にはよく「高3の夏休みは毎日12時間勉強しました！」といったコメントを見かけます。しかしあれはたいてい嘘です。後から振り返ったときに体験が美化されているだけで、実際は7、8時間の日もあります。これは僕や僕の周りの子の様子からも明らかです。

しかし、それを真に受けて12時間勉強することをノルマに掲げる人は結構います。あなたもそんな勉強をしたことがあるかもしれません。僕自身もやってみたことがあります。

達成感は得られますよね。でも、そこで勉強したことが本当に身についているかは疑問です。勉強するという行為自体に気が向いてしまうからです。

だから計画を立てる際は**勉強内容をノルマ**にしましょう。

もちろんノルマとした内容を終える「予想時間」は考えます。その予想時間が結果的に12時間になることはあるかもしれません。しかし根本的に目的意識が違うので、それは意味のある勉強です。

月の計画は、用事を含めて考えたときに、この1ヶ月にどれくらいの勉強ができそうかという大まかな目安になります。

たいてい学校のイベントなどに時間を取られて想定より勉強できなくなるパターンが多いので、毎日曜日は空白にしておくなどゆとりのある計画を立てておくと良いと思います。

「大体この日までにこれとこれをやって……」というようにカレンダーに書き込んで見えるところに貼っておきましょう。

学期の計画は先の見通しを持つために必要です。校内テストや模試などの目標を含めて先をイメージすることで、今やるべきことが明確になると思います。1日ごとの具体的な勉強内容は考えなくて良いので、ざっくり計画しましょう。

④必ず復習も組み込む

復習はタイミングが大切です。参考書を1周終わった後で、2周目を始めると確実に半分以上忘れています。すでにそんな経験をしている人もいますよね。1周目の効果を高めるには**1周目の途中から同時並行で復習**をしなくてはいけません。

「計画しなくても気づいたときに復習すればいいじゃないか」と思う人もいるかもしれません。しかし**復習というのは想像以上に面倒くさい作業**です。ちょうど良いタイミングでの復習はわかっていることの確認のような作業になり、効果を実感できません。先に進めたほうがやりがいがあります。

だからこそ**しっかり計画して、強制的に自分に復習を課すべき**なのです。

復習のタイミングとして「エビングハウスの忘却曲線」に基づいた方法を提唱する人がいます。1日後、1週間後、1月後と間隔を空けながら何度も復習するやり方です。

僕はこの方法をおすすめはしません。理にかなっているとしても学校行事やテストが入ってくることを考えると、とてもやりきれないからです。実際にやっている人を見たこともありません。

だからひとまず**2週間後**を目安にしましょう。1周目の勉強から2週間後に2周目をすれば、ちょうど良い復習ができると思います。

しかしこれはかなり個人差があるものなので、合わなかったら自分で調整してみてください。『医学部受験の心構え』でも書いた通り、勉強方法は「自分」です。

コラム　受験科目について

大学受験において、重要な選択の1つとなるのが受験科目です。1度決めた後に科目変更することも可能ですが、大きなハンデを背負うことになります。このコラムではまだ受験科目を決めてない人に向けて何を基準に選ぶかという話をしたいと思います。

まずは理科です。理科は物理、化学、生物、地学の４種類から2つ選ぶことになります。この中で地学だけは圧倒的に不人気です。そもそも**ほとんどの大学で使えない**からです。なので地学以外に絞って話を進めます。

・物理　：メリット　↓暗記が少なく、得意な人は点数が安定しやすい。
　　　　デメリット↓はじめに勉強する力学は、他の分野でも頻繁に使うため序盤につまずくとすべてわからなくなる。

一番得意と苦手がはっきり分かれる教科です。得意になると本当に楽に点数を取れますが、苦手な人は定期テストでも赤点に近いような点数しか取れません。そうなると科目変更を余儀なくされてしまいます。

僕自身は得意なほうでした。この本でも得意にするためのコツは紹介しますが、それよりも**先生の教え方が大切**なので、先輩に評判を聞くなどして先生の情報を収集しましょう。

※高校の物理は中学校のそれとは全くの別物です。中学生のときに得意でも高校で苦手になることはあるし、その逆もありえます。僕は後者のパターンでした。中学生のときは本当に何もわからず、特に力学は手も足も出ませんでしたが、高校に入って良い先生に巡り合ったことで一気にわかるようになりました。

・化学　：メリット　↓　癖がなく苦手とする人が少ない。
　　　　　デメリット↓　計算ミスが多い人は無駄な失点をしやすい。

化学は最も多くの人が選択する科目です。一番身近だし、勉強すれば確実に点数を伸ばせます。**迷ったらまず化学**を選びましょう。計算問題も練習を重ねることで克服できると思います。

・生物　：メリット　↓　医学部入学後の勉強が少し楽になる。計算が少ない。
　　　　　デメリット↓　暗記が多く、論述問題が多く出題される。

僕は生物を勉強したことがないので詳しく書けることはありませんが、多くの人が「物理が嫌い」という理由で選びます。中学までとは違った出題のされ方をするので入試問題を確認してみると良いかもしれません。

次は社会について書きます。社会は共通テストのみで使われ、主に日本史B、世界史B、地理B、倫理・政経の4種類から1つ選びます（これら以外に現代社会などを使える大学も一部存在します）。好きな教科は覚えも早いので**好みで選ぶのが一番**ですが、一応各教科の特徴を説明しておきます。

・日本史B　：メリット　↓やりこめば満点も狙える。
　　　　　　デメリット↓暗記量がとにかく多い。

日本史のテストは覚えたことをそのまま聞かれる問題が多いため、勉強量と点数が比例します。しかしその勉強量は底なしです。高得点を取るにはかなりの労力が必要になります。時間をかけてでも高得点が欲しい人には一番おすすめの教科です。

・世界史B　：メリット　↓やりこめば満点も狙える。
　　　　　　デメリット↓暗記量がとにかく多い。

世界史の特徴は日本史と似ています。違いがあるとすれば、日本史よりも新しく習う情報が多いということです。中学受験や高校受験で勉強したことが生かせるのは日本史のほうだと思います。

・地理B　：メリット　↓コスパがいい。
　　　　　デメリット↓9割以上は至難のわざ。

地理は一般常識とある程度の勉強で8割までは取れます。しかしそこから上の点数はほとんど運次第です。例えば

「韓国、アルゼンチン、カナダの三国を人口が多い順に並べろ」と問われたら答えられますか？

「一番広いのはカナダだけど、ラテンアメリカは人口多そうだし、でも韓国は産業が発達してるし……」なんて考え出したらキリがありません。地理ではこのように決定的な判断材料がない問題がいくつか出題されます。

ちなみにこの問題の正解は「韓国↓アルゼンチン↓カナダ」です。

正解できましたか？

もちろんそれぞれの大体の人口を暗記していたら簡単なのですが、そんな情報は教科書の巻末にちょこっと書かれているだけです。結局はイメージで答えを導くしかありませんよね。だ

から運次第なのです。

とはいえこんな問題は2割くらいなのでそれを捨てると考えれば、最低限の点数を取るのに最も適した科目だと言えます。

※実は地理も日本史と同等かそれ以上の手間をかければ高得点を狙えます。具体的に言うと、先ほどの人口統計の問題すら知識でゴリ押す勉強法です。でもその手間をかけるなら、正直地理を選ぶメリットは小さいです。おすすめはできませんが、その勉強法は後ろのコラムで紹介します。

※ここまで紹介してきた日本史、世界史、地理には「A」と呼ばれる教科も存在します(日本史Aなど)。「A」は「B」に比べて暗記量が少なく、点数を取りやすいので「A」を使える一部の大学を受験する人は「A」での受験も視野に入れましょう。

・倫理・政治経済：メリット↓一般常識が通用しやすい。
　　　　　　　　　デメリット↓現代文の力が必要な問題もある。

これは中学まででいう公民分野の科目です。「倫理」と「政治経済」に分かれている場合もあります。

メリットとデメリットを書きましたが、現代文が得意な人はどちらもメリットかもしれません。暗記量は地理と歴史の間くらいなので、高得点を狙いやすいという意見もあります。好きな人は検討の余地ありでしょう。実は一番お得な科目かもしれません。

ここまで理科と社会の科目について説明してきましたが、好みと科目の特徴以外にも選択の基準はあります。

1つは少し触れた通り**志望大学で使えるかどうか**です。科目変更は大変なので先を見据えて選択するようにしましょう。

もう1つは**高校のカリキュラム**です。例えば僕の高校の場合、2年生の理系コースは物理と化学が必修で生物を選択できませんでした。3年生では生物も選べましたが、1年間のブランクがあるのは相当なハンデです。ほとんどの人が物理と化学を選択していました。

このように高校で自分の受験科目を扱ってくれるかどうかは大切な要素なので、事前にリサーチしておきましょう。社会でも同じです。

第2章
教科ごとの原則

さあ、ここからは教科ごとに、いつ何をやれば良いのかという具体的な話に移りたいと思います。なかには「今言われても遅いよ」という話も含まれるかもしれません。その人たちがどう勉強するかについては第3章以降に書きました。勉強計画もやはり「完璧」は不可能なので大きく構えて読み進めてください。まずは国語です。

国語

① 勉強は高3のみ

国語が好きな人って珍しいですよね。「理系だし」と割り切っている人もいれば、模試の点数が悪くて焦っている人もいるかもしれません。

しかし、いずれにせよ受験勉強に国語を組み込むのは**高3のみ**です。

※ここでの勉強とは、あくまで「自習」の意味です。学校の授業を聞いたほうが良いことに変わりはありません。

前提として医学部受験における国語の立ち位置を説明したいと思います。

まず、二次試験ではそもそも国語を出題しない大学が多いです。また、国語を出題する大学でも**記述問題が難しすぎてほとんど差がつきません**。だから特別な勉強は不要です。過去問演習だけで十分でしょう。

問題は共通テストです。国公立医学部の合否を大きく左右する共通テストですが、**失敗する人の多くが国語で大失点**しています。

他の教科に比べてかなり問題が難しい上、1問の配点が大きいからです。国語だけで50点以上落とす人はザラにいます。1点を争う医学部受験でこれは大きな痛手です。

こうみると国語の勉強はそれなりに重要に思えますよね。高1高2で勉強しなくても良いのかと疑問に思う人もいるでしょう。

しかし、どれだけ国語ができようと**結局は英語、数学、理科**です。高1高2はこの3教科の基礎固めに、膨大な時間が必要です。

それに比べて国語ははるかに短時間で実力をつけられます。**共通テストの勉強も高3からで十分間に合います。**

だから国語の勉強は高3のみで良いのです。

ここからは高3で具体的に何を勉強するか説明します。

まずはなんといっても**基礎固め**です。漢字や現代文単語、古典の知識など暗記事項を早々に詰め込みましょう。共通テスト対策自体は12月からですが、暗記は大変なので11月後半からやり始められるとベストです。学校の授業も聞いておらず、知識が全くのゼロという人は夏休みに一度触れておくと良いかもしれません。

基礎固めが終わったら**過去問演習**です。共通テストは過去問の数がないため、予想問題集やセンター試験の過去問を活用することになると思います。現代文、古文、漢文とまとめて解くと本当に疲れるので、まずは科目ごとに練習し、時間配分は後々考えましょう。

演習に入ってからも知識は定期的に確認したほうが良いです。どれだけ勉強しても時間が経つと確実に忘れます。週に1回は確認日を作りましょう。

ここまで高3の勉強の概要を書いてきました。詳しい内容は『すべき勉強まとめ』に書いておいたので参考にしてください。


〈高1までの私立生へ〉

ここからは一部の人へ向けた例外的な話です。私立生の場合、英語と数学が先に進んでいるので、中学〜高1の間は比較的時間の余裕があると思います。そんなあなたには高1が終わるまでにぜひ勉強してほしいことがあります。詳しくは第3章以降に書くので読んでみてください。

② 現代文はあきらめよう

国語と聞いて真っ先に思い浮かべるのはおそらくアレですよね。

そう、現代文です。

勉強しても結果が出ない科目として名高く、まともな得点を取れるかは運次第と考える人も多いはずです。

特に二次試験で国語を使う大学を志望している人は、比較的成績も良く、穴に思える現代文の点数に悩んでいるかもしれません。

しかしこの科目だけはどんな裏技を覚えようと、著名な先生の授業を受けようと点数は大きく変わりません。

現代文の得意不得意の差は明らかに**読んできた文章量の違い**です。

文章を読み慣れている人は言葉1つからより多くの情報を読み取れます。その積み重ねが文章全体の理解の差を生むのです。

苦手な人が現代文の力を伸ばすには、ひたすら文章を読み慣れていくしかありません。それにはかなりの時間が必要です。

もし現代文に数学と同じ点数が与えられているなら、それでもやる価値はあります。しかし実際は数学のほうが圧倒的に大切です。

なので**現代文の付け焼き刃的な勉強をするくらいなら、1問でも多く数学の問題を解いたほうが良い**のです。

もちろん問題形式に慣れるための過去問演習は必要ですが、それ以外の特別な勉強はやめましょう。

〈中学生へ〉

中学生のあなたにはまだ猶予があります。今から文章に触れる機会を作っていけば、現代文を得意にできるかもしれません。詳しくは第3章以降で。

③ 古典の知識を侮るな

現代文が取れないなら古典です。勉強すれば確実に点数を取れるので、国語での大失敗を防げます。理系だろうと関係ありません。

その基礎固めとして大切なのが知識の暗記です。具体的には古文法、古文単語、漢文句法、漢字の読みの４つがあります。

古文法は参考書1冊でカタが付くし、古文単語は４００語程度、漢文句法は50個程度です。英語に比べたらかなり少ないですよね。

しかしこのわずかな知識が侮れません。勉強してみればわかることですが、本当に覚えにくいのです。その上、知識なくして解ける問題はほとんどありません。面倒臭いからと後回しにして伸び悩む人はたくさんいます。

だからこそ**国語の勉強としては最優先**でやりましょう。ここが勝負です。

やればやるだけ点数を取れる。こんなにありがたいことはありません。

【すべき勉強まとめ・国語編】

最後に受験までに何をすべきかまとめます。『医学部受験の心構え』でも書いたとおりどれも「完璧」はあきらめましょう。8～9割で構いません。

人によって必要性が変わるものは（　）でくくって書くので、使える勉強時間や成績を考えて、適宜選択してください。

★現代文

〈基礎固め〉

（・漢字問題集　1冊　中学までの漢字が怪しい人向け）

（・現代文用語集　1冊　評論の用語がほとんどわからない人向け）

〈演習〉

・共通テスト過去問演習　あるだけ全部

・予想問題、センター試験過去問演習　5～10年分

（・二次試験過去問演習　過去5年分）

★古文
〈基礎固め〉
・古文単語　400語以上
※300語の単語帳もありますが、少なすぎます。
・用言の活用暗記　すべて
・助動詞の意味暗記　すべて
（・古文法　参考書1冊　学校の授業を聞いていなかった人向け）
※古文常識と助詞の暗記は必要ありません！
〈演習〉
・共通テスト過去問演習　あるだけ全部
・予想問題、センター試験過去問演習　5〜10年分
（・二次試験過去問演習　過去5年分）

★漢文
〈基礎固め〉
・漢文句法　参考書1冊

・漢字の読み　　　　　　　　　参考書1冊
※句法と読みはセットになっている参考書も多いです。

〈演習〉
・共通テスト過去問演習　　　　あるだけ全部
・予想問題、センター試験過去問演習　　5〜10年分
（・二次試験過去問演習　　　　過去5年分）

これだけやれば共通テストでの大失敗は防げると思います。ここにないものを勉強する必要性を感じたときや、やり方に迷ったときはメールしてください。相談に乗ります。

英語

医学部受験の第1関門となるのが英語です。ここを越えずに医学部に合格する人はいません。僕自身、英語の勉強には苦労しました。

この本を読む人の中には帰国子女の人もいるかもしれません。あなたは英語を優先する必要はありません。英語はきばを研ぐ程度にして、数学・理科に力を入れましょう。ここではそれ以外の大多数に向けた話をしたいと思います。

①高2までは最優先

英語を優先すべき理由は英語という教科の特徴にあります。

1つは**英語の勉強はすべきことが明確**だということです。単語や文法、解釈や作文、そして長文と段階を追って勉強すれば自然と力がつきます。

数学や理科と違って授業を受けなくても自分で勉強を進めやすいので、勉強の習慣をつけるのにも向いています。その後の勉強に弾みをつけるためにも取り組みやすい英語は優先すべき教科なのです。

もう1つは**一度身についた知識や解き方が抜けにくい**ということです。例えば英単語。「abstract：抽象的な」という単語を覚えたとします。するとそれからは再び単語帳を開かなくても、英作文を書いたり長文を読んだりすることで「abstract」を自然と目にします。同じ教材に戻らなくても勉強を先へ進めれば、意識せずとも復習できるのです。

これが社会の用語だったらどうでしょう。「ヴィットーリオ・エマヌエーレ2世」という言葉を覚えたとして、問題を解きながら何度も出会うことはあるでしょうか。

可能性は低いですよね。英語長文なら見開き1ページで1000語近い単語を復習できますが、社会の問題集は見開き1ページでもせいぜい10数単語しか載っていません。

ここまで英語を優先すべき理由を書いてきました。ここからはなぜ「高2まで」なのかについて書きたいと思います。

その答えはズバリ、**高３で英語に時間を割かないといけない人は手遅れ**だからです。やるべきことをやってきた人は高３ともなればおそらく英語の点数が安定してきます。

それに**高３では理系科目の演習を中心に、１つ１つ時間のかかる勉強**をしなくてはなりません。その中で英語まで手をつけることは物理的に厳しいです。

とはいえ「高３なのに英語が苦手……」と冷や汗をかいている人もいるかもしれません。第９、10章で計画の立て方を書いておくのでぜひ読んでください。まだあきらめてはいけません。

② 毎日コツコツはやめよう

受験業界には「電車の中では英単語帳」という脈々と受け継がれる悪しき風習があります。

結論から言ってあれは全く意味がありません（学校まで電車で片道１時間などという人は別です）。毎日コツコツやる勉強は計算練習など慣れが必要な単純作業にこそ意味があります。

暗記は決して単純作業ではありません。意識を集中させて１つ１つじっくり進めていかなければ身につかないものです。

なので計画を立てる際は**１日数ページではなく、章や節ごとに終わらせる気持ちで**やりましょう。**単語帳なら１日１時間**はかかるはずです。

まとまった時間1つのことに取り組むと、自分の中で覚えるリズムが生まれてきます。その結果、毎日コツコツやるよりも密度の高い勉強ができるのです。

③ 4技能は対策不要

センター試験から共通テストに変わる際の文部科学省の狙いの1つが英語の4技能の強化でした。外部試験の導入こそ見送りになりましたが、以前は受験生を苦しめていた文法の正誤問題がなくなり、より実践的な力を試すテストに変更されたそうです。リスニングの配点も大きくなりました。

その結果予備校は競うように4技能強化を謳い文句にする講座を展開し、4技能の力を伸ばすにはあたかも特別な訓練が必要なように錯覚させます。

しかし、**ズバリ4技能は対策不要**です。少なくとも国公立医学部を目指す人たちにとっては。

僕自身も周りの友人もそうですが、英語を基礎からしっかりと勉強してきた人にとって受験レベルの4技能ができるのは当たり前です。「長文は読めるけどリスニングはできない」「作文は書けるけど話すとなると一言も思いつかない」なんて人は1人もいません。英検準1級までなら受験勉強だけで取得する人もザラにいます。

もちろん海外では通用しないかもしれませんが、日本のテストの英語などたかが知れているのです。

つまりこの制度変更は机の上の勉強ばかりしてきたトップ層をふるい落とすためのものではなく、あまり勉強していない人の中で英語の感覚に優れた人を拾い上げるためのものなのです。

だから医学部を目指す人たちのすべきことは何ら変わりません。地道に単語を覚え、文法を理解し、演習を重ねればおのずとあらゆる問題を解く力がついてきます。そして自然と合格するだけの点数が取れるはずです。

まずは、今まで通りの方法で確実に英語の学力をつけましょう。４技能の具体的な対策は、二次試験を戦えるようになってからです。

【すべき勉強まとめ・英語編】

それでは英語のすべき勉強をまとめます。やることが多いように見えますが、その分見返りは大きいです。英語が完成すれば合格の切符の半分が手に入ったようなものですよ。

〈基礎固め〉
・英単語帳　　２冊（３冊）
「３冊も！」と思うかもしれません。しかし単語を知らずに解ける問題はないのでこれくらいは必要です。具体的にはセンター・共通テストレベル↓二次試験レベル↓難関大レベルという３

冊です。

最後の1冊が必要かどうかは志望大学によります。難関大と書きましたが、東大京大に必要というよりは、むしろ地方の医科大学など英語が飛び抜けて難しかったり、医系長文が出たりする場合を意味します。

各自過去問を見たり予備校で相談したりして、自分に必要かどうか確認してください。それが面倒なら僕にメールしてもらっても構いません。

センターレベルの単語帳は中学単語が多いので、すんなり終わるはずです。自分の単語の覚え方を見つけるのにも使えます。

「単語帳は同じレベルでも載っている単語が違うから5冊以上やれ」という意見も耳にしますが、その数十語の違いに、5冊分の労力をかける価値があるかどうかは甚だ疑問です。それよりは1冊を丁寧にやり込むほうが確実に力をつけられると思います。

・英熟語帳　1冊

単語ほどの重要性はないですが、文章を読む上で必要なので1冊は仕上げましょう。1000語程度で良いと思います。

・英文法問題集　1冊

高校で配られるもので構いません。1000問程度あると思いますが、これも9割程度解けるようになればＯＫです。語法の問題も載っていると思うのでそれもマスターしてください。

（・英文法参考書　１冊　学校の授業を聞いていなかった人向け）

単語に次いで重要なのは文法です。これを疎かにすると間違いなく力がつきません。文法問題集を解きつつで良いので必ず仕上げましょう。

〈演習〉

・英文解釈問題集　　１冊（２冊）

・課題英作文問題集　１冊（２冊）

この２つは英語の主要分野になるため問題集の種類が豊富です。本によって内容がかなり違ってしまうので、おすすめを書いておきます。１冊目はこれをやりましょう。

・英文解釈→『英文読解の透視図』（研究社）

・課題英作文→『英作文ナビ』（大学受験ナビゲーション）（日栄社）

『英文読解の透視図』はとにかく解説が丁寧なので、苦手な分野を見つけやすく読むだけでも勉強になります。

『英作文ナビ』は解答例が３つずつついているところが魅力です。ネイティブの解答もついているため、自然な英語を知ることができます。

ＰＡＲＴ１の例文はすべて暗記しましょう。文法事項を網羅しながら作文のパターンを身につけられます。

例文とともに暗記してほしいのが模範解答で使われている表現です。

例えば「入学試験」を英語で何と言うか知っていますか？

知ってそうで知らないですよね。でもよく出題されます。

正解は「an entrance examination」です。こういう英語独特の表現は英単語帳にも英熟語帳にも載っていません。しかもかなりの数があります。

それを『英作文ナビ』を通して覚えてほしいのです。『英作文ナビ』をもとに自分で表現集を手作りして覚えるのも良いでしょう。

2冊目が必要かどうかは人によります。1冊終えて点数の伸びがイマイチならもう1冊やりましょう。ただしこの2つは予備校で習っている人もいると思います。そんなあなたは2冊目ではなく予備校の教材を優先してください。薄く広くやる意味はあまりないです。
※京大志望者は必ず2冊ずつやりましょう。京大は長文問題ではなく英文解釈と作文がメインです。
※自由英作文は問題集をやる必要はありません。志望大学によってテーマの傾向が全く異なるからです。練習する場合は過去問を解いて英語の先生に添削してもらいましょう。
・共通テスト過去問演習　必要な設問だけ
通し練習は必要ないです。時間配分を気にせずとも解き切れるからです。苦手な設問に絞って演習しましょう。すべて解くのは時間がもったいなさすぎます。

・二次試験過去問演習　過去15年分（過去5年分）

得意な人、時間がない人は理系科目に比べて過去問演習の重要性は低いです。それでも最低5年分はやりましょう。

基本的にやり方は自由ですが、2年分くらいは他の教科と合わせて本番通りの時間割で解くのもいいと思います。

（・英語長文問題集　必要なだけ　地方大学受験者向け）

地方大学（英語15カ年の過去問がない大学）の場合、過去問だけで練習すると問題が尽きてしまうので、別の問題集が必要です。志望大学と同じか少し多めの文字数のものを選びましょう。

（・リスニング問題集　1冊　リスニングだけが伸びない高3生向け）

リスニングの練習をしていいのは、それ以外の勉強がひととおり終わった人だけです。知識のない人が英文を聞き取れないのは当然なので、まずは基礎固めを優先しましょう。

練習する場合はただ問題を解くだけでなく、1日30分くらいかけてディクテーションすると良いです。目安として2ヶ月後くらいには聴けるようになると思います。

数学

①最優先、計画の柱

さあ、いよいよ数学です。初めに言っておくと僕は**高校に入ってからずっと数学が一番苦手**でした。まずはその経験からお話します。

『自己紹介』でも書いた通り僕は中高一貫校に高校から入りました。もともと数学は嫌いなのに、1年生のときは鬼のような速度で授業が進み、高1の1学期で数Ⅰ、数A、数Ⅱまで終わらせます。その結果演習が追いつかず、思うような点数を取れません。その状況は高2まで続きます。『青チャート』の指定範囲を2、3周して校内テストに臨みますが本番になると解けず、次第に数学に対して苦手意識が芽生えました。

他の教科で学年トップクラスの点数を取っても、数学が足を引っ張って総合順位が低迷し、本当に辛かったです。

なかなか成績が伸びないながらも、高2の間に数Ⅲまで終わらせ、迎えた高校3年生。夏休みに塾の総合問題集をひたすら解きました。数Ⅰから数Ⅲまで合計150問ほどの問題集を2冊です。1日の勉強時間の半分以上を数学に費やし、とにかく量をこなしました。

すると夏休み後のテストでは手応えが違いました。確信を持って解ける問題が急激に増えたのです。そして結果的に数学は苦手ではなくなりました。

これは決して夏休みに解いた問題集が良かったからではありません。今見返すと悪問もあり、使いにくい問題集でした。

大切なのは**膨大な演習量をこなした**ということです。

数学は一定の演習量を超えると格段に成績が伸びる時期が来るのです。

このような経験をしているのは僕だけではありません。数学の成績が伸びる子は口を揃えて演習が足りていなかったと言います。数学が得意な子でさえ演習は必要だと言います。

この経験を踏まえて、ここで言いたいのは**とにかく演習時間を確保しよう、そのためになるべく早く数Ⅲまで終わらせよう**ということです。

高３まで授業が続く学校だろうと数学が大得意であろうと、**高２までに数Ⅲを終わらせるのが至上命題**です。

だから数学が最優先事項であり、計画の柱となるのです。

ここからは学校のカリキュラムが遅い人に向けて、具体的にいつどこまで終わらせるべきかを書きます。

まず、高１までに終わらせたいのは、数Ⅰ、A、Ⅱの３つです。特に**二次関数、場合の数・確率、整数、図形と方程式**の単元は出題率が高く、数Ⅲでもよく使うので重点的に勉強しましょう。学校の授業でやれる部分は学校通り勉強し、それ以外の分野だけ予習すると良いと思います。

高２の夏休みが終わるまでには数Ｂも終わらせたいです。ここまでくると学校とは明らかに違う分野を勉強することになるはずです。数Bは1つ1つの分野のクセが強いものの、量は少ないので頑張りましょう。

その後、高3の5月くらいまでに数Ⅲを勉強することになります。数Ⅲは内容が多く計算も複雑なので時間がかかります。長期休暇を利用して上手に予習してください。

どうしても自分で勉強しにくいなら、予備校の映像授業を活用するのも1つの手かもしれません。お金は余分にかかりますが、数学の速修にはそれだけの価値があります。

② 数学の勉強は2段階

数学の勉強には2つの段階があります。**「訓練」**と**「演習」**です。

「訓練」というのは高2（高3の5月）までに行う勉強です。授業を受けたり自分で予習したりして、**内容を理解し、覚え、それを定着させるための勉強**です。

具体的には、『青チャート』や『フォーカスゴールド』などの網羅型問題集をやり込むことです。解法を覚える勢いで何周もしましょう。

この「訓練」はとにかく体に覚えさせるしかありません。だから数ページごとに計画して丁寧に解くよりも、**単元ごとにまとめて勉強する**ほうが効果は高いです。

まず解いてみて、わからなかったらすぐに答えを見て理解できるまで読み込みましょう。1問にかける時間は5分程度だと思います。その時に大切なのは**自分が何をわからなかったのかはっきりさせる**ことです。自分の考え方に不足していた過程を発見し、それを覚えることで次からは解けるようになるはずです。

「訓練」が終わったら次は「演習」の段階です。「演習」では**初めて見た問題にどう対処するかという本番力**を鍛えます。「訓練」で覚えた解法を初見の問題にどう適用するかという力です。

先ほども書いた通り、この「演習」にどれだけ時間をかけられるかで数学の成績が大きく変わります。

入試問題が相手ですから初見で1問に20、30分はかかります。そして解いた後は答えだけでなく過程の記述も確認しましょう。正解したかどうかよりも「訓練」の成果を生かせているかどうかが大切です。きっと1日に解ける問題は10問程度でしょう。

この2段階を意識せずテキトーに勉強しても力はつきません。焦らず一歩一歩進めてください。

③数学の才能

「受験は平等」なんて嘘八百。数学の才能は点数に歴然の差を生みます。

あなたの周りにもきっと数人いるはずです。ありえない点数を取る人が（自分のことだ！と思った人もいるかもしれませんが……）。

僕の周りにも天才は何人かいました。彼らの東大数学を解くスピードは衝撃的でいまだに忘れられません。そこで数学の才能があるというのはどういうことなのか僕なりに考察してみました。

一番の特徴は**情報の吸収力**だと思います。1つの情報からより多くのことを学べるため、同じ勉強量でも人より数倍早く解法を習得できます。

もう1つの特徴は**情報の処理スピード**です。手に入れた情報を他の情報とすぐに結びつけられるため、他の人には気づけない問題の手がかりを発見できるのだと思います。

これらを踏まえると、数学の天才に努力で太刀打ちできないのもうなずけますよね。彼らと同じような数学の点数を取ろうとしても必要以上に時間を取られるだけです。あきらめましょう。

第一、入試の数学で9割以上の得点が必要な国公立医学部はありません。理Ⅲでさえ標準問題が解ければ合格できるという意見もあります。

医学部合格に必要なのは数学の才能ではなく、**努力が通用する標準問題を解き切る**ことです。

【すべき勉強まとめ・数学編】

よく言われる話ですが、決めた参考書から浮気するのはやめましょう。3冊を1周ずつするよりも1冊を3周したほうが遥かに効果が高いです。

また、数学は予備校に通っている人も多いと思います。#のついているものは必須ですが、それ以外は予備校のテキストを優先してください。

〈訓練〉

・網羅型基本問題集　数Ⅰ・Ａ・Ⅱ・Ｂ・Ⅲ　１冊ずつ　#

これは「訓練」のための問題集です。学校で配られると思います。おそらく『青チャート』か『フォーカスゴールド』の２択でしょう。他の問題集でも良いですが、必ずこの２つと内容を比較して似たものを選ぶように。これをいかにやりこむかがその後を左右します。

〈演習〉

・標準問題集　　　　　　　　　　　１冊

網羅型問題集を終えた後は確認のためにも標準問題集をやりましょう。『スタンダード』などを学校で配られる場合はそれでも構いません。本によって難易度も問題数も大きく違うのでおすすめをあげておきます。１つ選んでやりましょう。

・『大学への数学　１対１対応の演習』（東京出版）

・『数学重要問題集　理系』（数研出版）

・『厳選！大学入試数学問題集』（河合出版）

『１対１対応の演習』だけは合計６冊に分かれている長編シリーズですが、練習問題を飛ばして例題だけやれば、他と同じくらいの問題数です。

・共通テスト過去問演習　　　　　　　　　　　　　　あるだけ全部　＃
・予想問題、センター試験過去問演習　5〜10年分　＃
時間制限がシビアなので時間配分を決めて本番通りに練習しましょう。
・二次試験過去問演習　　　　　　　　　　　過去15年分（過去5年分）　＃
分野別でやるもよし、年度別でやるもよしです。英語でも書きましたが、2年分くらいは他の教科と合わせて本番通りの時間割で解くのもいいと思います。

（・他大学の過去問演習　1冊　地方大学受験者向け）

過去15年分の過去問がない大学を受ける人は、志望校とは別で出題傾向の似た大学の過去問をやってみましょう。頻出分野は重点的に。

物理

①物理の勉強は3段階

数学と物理を似たものと捉える人は多いと思います。論理的だし、計算ばかりだし。しかし実際は全くの別物です。数学が苦手だった僕ですが、物理は得意でした。

それでは具体的にはどう違うのでしょうか。

一番はテストの狙いが違います。数学は初見の問題に対して公式や定理といった道具をどれだけ使いこなせるか、つまり「思考力」を試す教科です。そのため見たことのない問題が多々出ます。

一方、物理は現象の本質をどれだけわかっているか、つまり「理解力」を試す教科です。理解力以外のところでつまずいて間違える人を減らすため、数学のような**変わった問題は出ません**。さらに実際の現象に基づいた問題が中心なので、**出題パターンが限られてきます**。

そしてこの違いは必然的に勉強にも差を生みます。先ほど数学の勉強は2段階だという話をしました。それに対して物理の勉強は3段階あります。**「理解」「訓練」「演習」**です。

「理解」とは物理の**各単元で扱う現象を自分の中に落とし込む作業**です。おそらくこの段階は学校の授業を通して行うことになります。しかし物理を苦手とする人のほとんどはここでつまずいています。

その多くは学校の先生がハズレの場合です。

良い先生は高校生にもわかりやすく、根本から解説してくれてスムーズに理解できます。しかしハズレの先生は「公式を暗記しろ」の一点張りで理解とは程遠い授業をされます。その結果、入試で試される力を養えないまま、先に進んでしまうのです。

学校の先生がハズレだった場合、**予備校に通う**か**自分で勉強する**の2択になります。

予備校に通う場合は体験授業を受けるなどして丁寧に先生を選びましょう。ハズレの先生がいないとも限りません。

自分で勉強する場合、公式の意味を教えてくれるような参考書を選びましょう。赤シートが付いているような参考書は要注意です。

塾選びや参考書選びに迷った場合、ぜひ僕にメールしてください。ここはかなり大切な選択になります。

2段回目の「訓練」は**物理の限られたパターンを覚える作業**です。具体的には③で説明します。

3段階目の「演習」は**テスト形式を確認する作業**です。主に過去問を用いて行います。記述式の大学と穴埋めの大学があるので答え方の練習をしましょう。数学と違って「訓練」ができていれば十分に点数を取れるので「演習」に必要な時間は圧倒的に少ないです。

※物理は変わった問題は出ないと書きましたが、ごく一部例外があります。心当たりがある人もいるかもしれませんが、東工大や慶應大などのことです。しかし国公立大学医学部に関しては、その例外に当てはまらないためこのような書き方をしました。

② 速修は不要

数学を速修しなければならない理由を覚えていますか。「演習」の時間がたくさん必要だからです。しかし物理の場合、「演習」時間を大幅に削減できます。そのため速修して先を急ぐよりも、一歩一歩確実に身につけるほうが理にかなっているのです。

とはいえ、一部には高3の3学期まで授業をする学校もあります。その場合、遅れる部分だけ予習する必要があります。予習の仕方は公、私立によって違うので第3章以降で具体的に書きます。

③ 問題集は1冊のみ

これが他の教科との一番の違いかもしれません。「訓練」の段階で必要な問題集はたった1冊だけです。

①で物理の出題パターンは限られていると書きました。だから、**問題集を1冊やればほぼすべて網羅できます。**

その代わり数学の「訓練」以上に密度の高い勉強が必要です。新しい分野を習うたびに問題集を何周もして完全に覚えてしまいましょう。問題によっては、設問を読まずとも解法を書き出せるようになるかもしれません。

数学の場合、答えだけでなく過程もチェックしてほしいと書きましたが、物理で注意してほしいのは「現象の理解」です。問題は必ずとある現象を取り上げて作られていますから、その問題で結局何が起きていたのかを確認するようにしましょう。

【すべき勉強まとめ・物理編】

ここまでに書いてきたことがほとんどですが、まとめておきます。

〈理解〉

・基本問題集　1冊

おそらく高校で配られます。（『セミナー』など）授業を受けた日の軽い復習に使ってください。

（・自習用参考書　1冊　学校の先生がハズレだった人向け）

これに関しては種類が多いものの、特別おすすめできる本がありません。同じことの繰り返しになりますが公式の意味まで教えてくれるものを選ぶように。何冊も比較して吟味しましょう。

〈訓練〉

・標準問題集　1冊

種類が多いのでおすすめをあげておきます。

・『難問題の系統とその解き方』（ニュートンプレス）

・『体系物理』（教学社）

『難問題の系統とその解き方』はかなりのボリュームがあります。練習問題は飛ばして、例題だけやるのが良いでしょう。どちらも公式を乱用せず、現象の理解を助けてくれるような解説がついています。

〈演習〉

・共通テスト過去問演習　あるだけ全部

・予想問題、センター試験過去問演習　5〜10年分

共通テストは一見簡単そうですが、選択問題ならではのクセがあるので、練習は必要です。文字の見間違いなどにも注意しましょう。（aとαなど）

・二次試験過去問演習　過去15年分（過去5年分）

パターンが限られているだけあって、意外と似た問題が出ることもあります。出題形式を含めて確認が必要です。

化学

①高3の夏休み前までが勝負

あなたは化学に対してどのようなイメージを抱いていますか？

もちろん好きな人も嫌いな人もいるでしょう。

しかし、化学が一番苦手という人は少ないのではないでしょうか。

数学ほど思考力が必要な問題はなく、英語ほどの暗記事項もありません。

勉強がしやすい科目なのです。

だから**高3の夏休み前までが勝負**です。勉強しやすいものは先に終わらせてしまいましょう。

夏休みとその後は過去問を含めた問題演習に時間をかけたい時期です。そんな中で化学を基礎から勉強している暇はありません。

高3の1学期中に授業が終わるならその通りで構いませんが、学校の進度が遅いなら自分で予習しておきましょう。予習の仕方は公、私立によって違うので第3章以降で具体的に書きます。

② 暗記にこだわらない

英語より少ないとはいえ、化学の暗記もそれなりに大変です。意識して取り組まないと終わりません。しかし化学の場合、覚えること以上にその知識をどう使うかが重要になってきます。暗記しただけでは点数に結びつかないのです。

だから**問題を解く中で暗記する**のが一番効率が良いです。各分野6、7割暗記したら問題演習に移って構いません。

暗記不足が見つかると気になって、問題を解きたくなくなる気持ちもわかりますが、うまくバランスを取りましょう。例えば暗記と演習を1日ごとに繰り返すなど**2つを分断しない勉強計画**が必要です。

③ 計画の主役にしない

化学の勉強はしやすい上に、問題のバリエーションも豊富なのでやろうと思えばいくらでも勉強できます。しかし、あくまで計画の最優先は数学です。それに次いで高2生は英語、高3生は物理に時間を取られます。

化学は苦手とする人が少ない分、人と点差がつきにくいので、他３教科に比べて重要性は低いです。確実に必要な時間だけ確保して、あとは脇役にとどめておきましょう。

【すべき勉強まとめ・化学編】

化学の勉強はある程度想像できますよね。効率良く勉強してさっさと得意にしてしまいましょう。

〈基礎固め〉
・理論化学・無機化学・有機化学の暗記
・基本問題集　1冊
おそらく学校で配られると思います。暗記とともに使うものです。

（・自習用参考書　1冊　高３の1学期中に授業が終わらない人向け）

これに関してはかなりおすすめできる参考書があります。
・『鎌田の〇〇化学の講義』（旺文社）
〇〇のところに理論、無機、有機を入れた３冊からなるシリーズです。

理屈から暗記すべきところまできれいにまとめられていて、とても使いやすい参考書でした。

僕の学校は化学の進度が遅かったので、高3の春休みにこの本で予習しました。

〈演習〉

・応用問題集　1冊

おすすめは2冊あります。

・『化学重要問題集』(数研出版)

・『化学の新演習』(三省堂)

後者は難問も含まれるため、旧帝大レベルの大学を受験する人向けです。

・共通テスト過去問演習　あるだけ全部

・予想問題、センター試験過去問演習　5~10年分

共通テスト対策の勉強は知識を再確認する良い機会です。かなり細かい知識が出題される場合もあるので侮ることなかれ。

・二次試験過去問演習　過去15年分(過去5年分)

ノーベル賞関連など時事問題が出る大学もあるので、志望校の傾向把握は大切です。

社会

① 高3の12月からが勝負

知っての通り、社会を使うのは共通テストだけです。社会に傾斜をかける大

学もありますが、配点は他のどの教科よりも低いでしょう。そのため普段は勉強する必要はありません。学校のテスト勉強だけで十分です（テスト勉強はちゃんとやってください。一度詰め込むと覚え直しが楽です）。

問題は高３の12月からです。そこからは本格的に共通テスト対策が始まります。さすがに勉強せず受験することはありえません。

とりあえず教科書を読んで、全範囲の知識を思い出す作業をします。それが終わったら過去問を数年分解いてみましょう。苦手分野がわかるはずです。あとはその繰り返しです。ひたすら穴を見つけては埋める作業が続くでしょう。この勉強法はどの科目を選択しようと当てはまることです。

繰り返しになりますが、共通テスト直前以外の余分な勉強は不要です。他の教科の勉強が面倒だからと言って社会に逃げてはいけません。

②時間のかけ方を決めよう

配点が低いため、どれだけ勉強の時間対効果を高められるかが重要です。

先程のコラムで書いた通り、勉強すればするだけ点数が伸びる教科と頭打ちになる教科が存在します。自分の教科の特性を理解し、一番コスパの良い勉強の仕方を選択しましょう。点が伸びなくなってからは社会の勉強をしないこと。

③ スキマ時間に入れるな

英語でも書きましたが受験業界の悪しき風習を受け継がないように。**暗記は絶対にスキマ時間にやってはいけません。**本当に意味がないです。まとめてやるから知識がつながるし、集中力を高めて覚えられるのです。

社会は社会でちゃんと時間をとって計画するようにしましょう。

【すべき勉強まとめ・社会編】

・教科書の暗記

これに尽きます。太字だけでなく図や年表など隅々まで目を通しましょう。

・共通テスト過去問演習　　あるだけ全部

「同じ問題は出ないから無意味」と言う人もいますが、過去問に慣れることで解ける問題も必ず出てきます。侮らずにやりましょう。

・予想問題集　　好きなだけ

的中など滅多にないので、それ狙いでやりすぎないように。

ここまで各教科のすべきことを書いてきました。具体的な勉強のイメージを持てましたか？
第3章以降は学年・学校別の話に移ります。

コラム 部活はどうする？

部活に入るかどうかは高校時代の大きな選択の1つですよね。受験勉強に時間をかけたい医学部志望者にとっては尚更です。『自己紹介』でも書いた通り、僕は中学・高校と剣道部に所属していました。仲間や先生に恵まれて楽しく活動できましたが、勉強の支障にならなかったかと言うとそうではありません。

平日の勉強時間は1、2時間しか取れないし、大会などで休日がまるまるつぶれることもありました。

とはいえ勉強に関係したメリットもあります。

常に人より勉強できていないという危機感を持っているため、自然と机に向かう気力が湧いたのです。

また、クラス以外の子と交流することで予備校などの知らない情報を教えてもらえることもありました。

もしあなたがいま部活に入る前なら、しっかりと情報収集しましょう。練習時間や引退時期などは気にしておくべきです。

夜7時以降まで練習があったり、高3の7、8月まで活動が続いたりする場合は、入部をあきらめたほうが良いかもしれません。もちろんどうしても入りたいなら、勉強を多少犠牲にするしかありませんが、医学部受験の勉強は相当な時間が必要です。

本当に両立しきれますか？

いずれにせよ、自分の高校生活で何を優先し、どう時間を使うかしっかり決めた上で覚悟を持って判断しましょう。

第3章

公立中学生へ

●医学部現役合格をめざすための勉強計画

この第3章からは各学年の勉強計画について書いていきます。

各学年ですべきことを簡潔に示したので、これを読めば先を見通してスムーズに計画を立てられるはずです。もちろんここに書かれていないような個人的な事情もあると思うので、自分で取捨選択して勉強を進めましょう。

まずは公立中学生に向けてです。

今考えるべきこと

＊高校選び

中学生だと大学受験の具体的なイメージを持てないですよね。その中で「医学部合格」という目標をもっているあなたは、何を基準に高校を選べば良いか迷っているかもしれません。

ここでは医学部受験という側面から、どのような高校が良いのかという情報をお伝えします。

医学部を志望する人にとって良い高校の条件は主に5つあります。

(1) 国公立医学部の合格実績が毎年ある

これは言われなくても多くの人が気にしますよね。当然、合格者数は多ければ多いほど良いです。その高校には合格者数の数だけデータがあるし、**目に見えた目標を持って勉強できる**からです。校内テストで何位くらい取れば合格できるかを知れるだけでも価値があります。

ただし、学校によっては良い合格実績に見えて浪人生が多数を占める高校もあります。**合格できるかはあくまで個人の努力**によるものであり、合格実績がすべてではありません。合格者数が一番多いという理由だけで単純に高校を選ぶのはやめましょう。

⑵ 高２から文理選択がある

学校で過ごす時間が一番長い現役生にとって、高校の授業を無駄にするのはもったいない。そのためには志望校のカリキュラムを確認しておく必要があります。特に文理選択です。

文理選択は高２から行う学校と高３から行う学校の２種類があります。医学部受験を見据えるとズバリ高２からの学校を選ぶべきです。

文理選択をしないと、自分が受験に使わない科目の授業をたくさん受けさせられます（特に社会）。ただでさえやることの多い高２生が、余分な勉強をしている暇はありません。

私立をはじめ他の高校の人がどんどん先の勉強をしていることを考えると、文理選択は是が非でも高２から行いたいものです。

⑶ 数学の授業が高3の1学期中には終わる

カリキュラムの中で文理選択と並んで重要なのが数学の授業です。第2章でも書いた通り、数学は速修が必須なので授業もそれなりのペースで進んでもらわないと困ります。

理想は高2中に数Ⅲまで終えることですが、そんな高校はなかなかないので、**高3の1学期中**を目安にしましょう。それでもだいぶ早いほうです。

ただ、数学の授業に関しては実情を調べにくいと思うので、最悪の場合は文理選択の時期だけで判断してください。文理選択を高3から行う学校では間違いなく数Ⅲの授業が遅れます。

⑷ 行きたい予備校に通いやすい

医学部を目指す人の多くが予備校に通います。高3ともなるとほぼ100％でしょう。だからこの条件を考慮する必要があるのです。

大手の予備校の場合、校舎によってレベルが変わります。地区によっては医学部に特化した校舎が設置されている場合もあります。

そうなると同じ予備校でもあなたが通いたい校舎は限定されるはずです。

いざ講座を取りたいとなったときに、学校からその校舎まで1時間以上かかったらどうでしょう。時間がもったいないと思いませんか？

学校から近い予備校なら家からも通いやすいはずです。
⑴〜⑶に比べたら重要性は低いですが、確認しておくと良いと思います。

⑸ 比較的余裕に合格できる高校である

これが最後の条件です。「余裕」の定義が曖昧ですが、過去問を解いて毎回最低合格点を超えられるならＯＫだと思います。

この条件が必要な理由は**校内でトップクラスの成績を取りたいから**です。

医学部を目指すあなたは、きっと自分の中学校ではほとんど敵なしの学力を持っていますよね。上位数％の席次を取れているはずです。

するとどうでしょう。自分の学力に自信を持てませんか。たとえ塾の模試で成績が悪くても、学校では「勉強ができる奴」として見られると思います。

しかし、高校に入って底辺の成績を取り続けたらどうでしょう。

きっと自信を失ってしまうと思います。周りは自分より賢い人ばかりで、「勉強ができない子」というレッテルを貼られてしまうかもしれません。

そうなると医学部合格はキツくなります。負けん気で頑張ったとしても、学力はすぐに伸びるものではありません。成功体験を得られないと勉強が続かないでしょう。それだけ医学部の受験勉強は大変です。

こうなるのを防ぐために入学当初からトップクラスの席次を取っておきたいのです。そして入学後の席次は高校受験での手応えがある程度保証してくれます。

もちろん「必ず志望校を1つ下げろ」と言っているわけではないですが、ボーダーギリギリの高校へ行くよりは、確実に受かる高校に行ったほうがその先は良いかもしれません。


ここまで受験の観点から高校選びの基準について書いてきました。もちろん基準は部活や校風など他にも様々あると思うので、あくまで参考程度に留めてください。最終判断はあなたです。

次は高校受験の勉強について書きたいと思います。

＊高校受験の勉強について

あなたの当面の目標は高校受験だと思います。いくらその先の勉強が大切とはいえ、行きたい高校に行けるかどうかは大きな問題ですよね。

ここでは大学受験を一旦忘れて、高校受験に向けた勉強について考えていきましょう。

〈国語〉

国語は現代文、古文、漢文に分かれます。その中で配点が最も大きいのは現代文でしょう。

高校によっては、中堅私大よりも難しいんじゃないかという難解な文章を出題するところもあります。

まず、勉強すべきは**漢字や文学史などの知識もの**です。勉強して確実に点数を取れるところは外せません。地味ですが、その先の人生にも生きてくるものなので頑張りましょう。

もちろん点数の大部分は知識以外の設問が占めています。第2章で「現代文はあきらめよう」と書いてしまいましたが、中学生は例外です。

中学生だと現代文のテストを解いてきた経験が少ないため、**問題数をこなして慣れることである程度点数を伸ばせます**。僕も中3ではほぼ毎日現代文の問題を解いていました。おすすめは入試問題を解くことです。

・『全国高校入試問題正解　国語』（旺文社）

この本なら膨大な量の入試問題が載っているので、夏休みから解き始めても問題が不足することはありません。少し高いですが、問題の質は間違いないのでぜひ買いましょう。

古文と漢文はきっと特別な勉強をしなくても解けるはずです。たとえ苦手でも大学受験とは全くの別物なので気にしないように。最低限の点数さえ取ればＯＫです。

〈英語〉

高校受験の英語で重要なのは**教科書をやりこむ**ことです。特に公立高校は教科書の内容しか出せないので、出題される単語や熟語は必ず教科書に載っています。まずは3年分の教科書から知識を拾う作業をしましょう。

それが終わったら**文法**です。高校受験では単語よりも文法が高得点の鍵を握ります。学校の授業だけでは英語文法の考え方が定着しないと思うので、参考書をやりましょう。塾に通っている人でも一度は目を通してみてほしいです。

・『SAPIX式英文法123＋』（旺文社）

おすすめはこれです。高校の内容に少し踏み込んで「使える」英文法を学べます。少し難しいかもしれませんが、私立高校の受験にも役立つのでぜひ買ってみてください。

英語の中で多くの中学生が悩むのは英作文だと思います。単語を知らない中学生にとって、思ったことを書けないもどかしさがあるはずです。

しかし大切なのは**文法を守って書くこと**です。内容なんてどうでもいい。とにかく**自分の知識で正確に書くこと**を意識しましょう。

文法が正しければ、本当は美術部なのにサッカー部出身と書いても、田中なのに信長の子孫だと書いても構いません（逆に書きにくいか（笑））。
ちなみに僕は高3の模試で父親がアメリカ人だという話を書きましたが、ちゃんと満点でした。
これなら正しく書けそうだと思う作り話を英語にしましょう。

〈数学〉

数学が重要なのは高校受験も同じです。できる人とできない人の差が激しいため、合否を大きく左右します。

大学受験と違うのは勉強すればするだけ点数が伸びるところです。問題のパターンが限られているため勉強したことがそのままテストに出ます。

まずは**とにかく全範囲を終わらせましょう**。中3の後半の内容はかなり重要なので夏休みを使って予習できると良いと思います。

それが終わったら**後は演習あるのみ**です。問題集や過去問を使って徹底的にやりこみましょう。

〈理科〉

高校受験の理科はまずは**知識**です。生物の用語から、化学式まで1問1答で詰め込みましょう。

難関校になると、知識問題は当然みんなが解けます。

差をつけるなら**難しい計算問題**です。コツを掴むまでが大変なのでしっかり練習しましょう。

過去問でも良いですが、計算問題だけを解きたい場合はこの本がおすすめです。

・『中学総合的研究高校入試問題集　理科計算問題』（旺文社）

難しい計算問題ばかりを取り扱っているのでとても良い練習になります。少し古いのが玉にキズですが、中学のカリキュラムに大きな変更がないので勉強する分には問題ないと思います。

〈社会〉

地理、歴史、公民と全科目を勉強しないといけないので結構大変です。

一部の私立高校では細かい知識が必要な場合もありますが、基本的には教科書をやりこみましょう。

年号や地理の統計など太字にはならない部分が出題されることもあるので、流れやつながりを意識して覚えるように。

時事問題はインターネットにたくさん対策サイトがあるので勉強しやすいはずです。

以上が高校受験対策の概要になります。塾に通っている人も多いと思いますし、無理にこの内容を取り入れる必要はありません。しかし高校受験をなめてかかると痛い目を見るので、しっかり勉強しましょう。

＊公立生の強み

公立生には私立生にはない強みがあります。それは**エネルギー**です。まだ受験を経験していないおかげで良い意味で疲れていません。勉強は早く始めるほど良いかというとそうとも限らないです。高校入学後、一気にエネルギーを爆発させられるという意味では公立生が有利かもしれません。

強みはもう１つあります。それは**高校受験を経験できる**ことです。

大学受験は高校受験に似ています。

高校受験があると「学校をメインに自分で勉強する」という経験をできるからです。中学受験では小学校の授業が役に立たないため、どうしても塾に頼らざるを得ません。

医学部というと中学受験から頑張るイメージがありますが、実際は公立中学出身者もたくさん合格しているので、勝負は高校からです。強みを生かしてスパートをかけましょう！

公立中学生の原則

＊高校受験までにやっておくべき３つのこと

先ほど高校受験のための勉強について詳しく書きました。その中で見落としがちだけど、大学受験を見据えると重要なものが３つあります。

⑴ 英文法

まずは英文法。中学でほぼすべてのことを習います。高校で新しく習うのは仮定法くらい（細かい内容を除く）です。そのため中学のうちに英文法を固めておけばかなりのリードを作れます。

ここで言う「固める」とは高校受験の文法問題を解けるようにすることではありません。高校受験の文法問題は理解していなくても、パターンだけで解けるので意味がありません。

それよりも**英作文を減点されずに解けるかどうか**が基準になります。

そのための勉強として先ほどおすすめの参考書を紹介しました。あの本をマスターすれば十分な力をつけられると思うので頑張りましょう。

⑵ 漢字

次にやるべきは漢字です。大学受験の国語で出題される漢字はほとんど中学校までに習うものです。高校に入ってから漢字を勉強している暇はないので、中学の間に仕上げましょう。高校受験の段階で漢字ではまず間違えないと言い切れるようにしておきたいです。

⑶ 数学の計算

３つ目は数学の計算。これは速さと正確さをともに鍛えてほしいです。中学で計算を得意にすると、大学受験では数学にも化学にも物理にも役立ちます。ただ解くだけではなく、2桁同士の掛け算の答えを覚えたりするのも有効です。

ついでに高校受験後の暇なときにやっておくと良いことも挙げておきます。**センターレベルの英単語帳**と**古文単語帳**です。この2つは何も習っていない段階で自分で進められます。特に英単語帳は中学単語も多いので、復習をかねて割とあっさり終わるかもしれません。

＊勉強のリズムを掴もう

高校受験の勉強を通して、自分なりの勉強の仕方を確立しましょう。学校から帰ってきて机に向かうこと、休日も早く起きて勉強すること、そういった習慣を身につけることは大学受験にもつながります。自分の勉強リズムを整えるような計画をして勉強できると良いと思います。

以上が公立中学生の原則です。まずは高校受験を優先すべきなので、大学受験に関連する踏み込んだ話はあまりなかったかもしれません。実はもう1つお伝えしたいことがあるので、本書96ページに飛んでください。

今後のルート

ここでは公立中学出身者がいつまでに何を勉強していくのかという見通しをお話します。

僕のように高校から中高一貫校に入学する人もいるかもしれませんが、ここでは公立高校進学を前提として話を進めます（私立中高一貫校に進学する場合はメールで相談に乗ります）。

もちろんここに書いたことがすべてではなく、違うルートで合格を勝ち取る人もいますが、まだ先のことがわからない人には役に立つはずです。

高校合格

↓

高校1年生

国語

・なし

英語

・英単語（共通テストレベル）

・英単語（二次試験レベル）

・英文法

数学

・数学Ⅰ・A・Ⅱ

物理

・なし

化学

・なし

↓

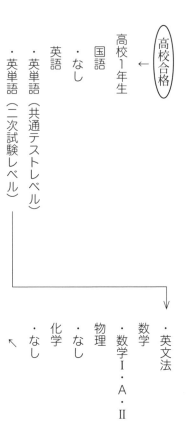

高校2年生

国語
・なし

英語
・英熟語
・英文解釈
・英作文

数学
・数学B・Ⅲ

物理
・力学
・熱力学or波動

化学
・理論化学
・有機化学or無機化学

↓

高校3年生

国語
・共通テスト対策

英語
・英語長文
・共通テスト対策
・二次試験過去問演習

数学
・数学Ⅲ
・演習
・共通テスト対策
・二次試験過去問演習

物理
・残り単元
・演習

↖

・共通テスト対策
・二次試験過去問演習

化学

・残り単元
・演習
・共通テスト対策
・二次試験過去問演習

←

医学部合格

コラム　高校のテストについて

ここでは高校のテストの捉え方について説明します。

〈定期テスト〉

定期テストを馬鹿にする人がいますが、それは教科によります。例えば、数学や理科なら学校の授業がベースになるため、しっかり勉強して点数を取る必要があると思います。社会も受験で使う予定の科目についてはサボらず勉強すべきです。詰め込んで忘れてしまったとしても一度覚える経験をすることが大切だからです。

一方で国語や英語の重要性は下がります。この２教科は点を取ろうとすると和訳の暗記が一番手っ取り早い方法です。しかし、これこそが一番無駄です。「うまい訳の作り方が身につくから無駄じゃない」と言う人もいますが、それはあくまで実力がある人の話です。まだ発展途上の段階では、たとえ点数に現れないとしても、地道に知識を積み重ねて本当の実力をつけるべきです。

〈実力テスト〉

実力テストは同級生と自分の学力を比較する良い機会になるため、一見定期テストより重要に見えます。

しかし、「実力」テストとはいえ、配られた教材から範囲を指定して出題される場合が多いでしょう。実際はその範囲を勉強するかしないかで点数が大きく変わります。完全な実力勝負でない限り、実力テストで成績を判断することはできません。

そこで良い席次を取ろうと頑張るよりは、あくまで通過点として捉え、どう利用するかを考えてください。配られた教材が本当に必要なら勉強すべきだし、国語などの要らない教材はノー勉でOKです。無理に勉強して見栄を張るのはやめましょう。

いろいろなことを書いてきましたが、とはいえテストはテストです。取れる人はしっかりとそれなりの席次を取ってきます。1位を取る実力がある人が勉強次第で5位になることはあっても、30位になることはありません。

どの教科も本番は入試の練習だと思って、真剣に取り組んでください。

第4章
私立中学生へ
●医学部現役合格を目指すための勉強計画

今考えるべきこと

＊自分の学力の現状は？

あなたは校内でどれくらいの順位にいますか。勉強しておらず下位を彷徨っている子も、比較的上位を保てている子もいると思います。しかし、ぶっちゃけ**現時点の席次はなんの参考にもなりません。**

今意識すべきは席次ではなく、**数学と英語の勉強の進度**です。私立中学に通うメリットの1つが進度の速さにあります。きっと多くの学校でこの2教科を速修していますよね。

例えば数学の場合、中学校の3年間で高校の数I・Aまで終わらせてしまうパターンはよくあります。だから数学については学校のテスト勉強をしているだけで事足ります。

問題は英語です。和訳の暗記など大学受験にとっては意味のない勉強でも、テストの点を取れてしまいます。そのため学校とは別に自分で知識を増やしていく必要があります。

具体的な勉強すべきことは『私立中学生の原則』に書くので読んでみてください。現時点でいくら席次が良くても、意味のある勉強をしないと高校に入ってから逆転される可能性が高いので要注意です。

＊志望校について

医学部と一口に言っても北海道から沖縄まで様々です。２０２０年時点で国公立大学だけでも51校、私立を合わせると82校もの大学が医学部を設置しています。

将来自分がどこでどんな医師になりたいかを考えたことはありますか？

時間がある私立生だからこそ実際に現地に行ってみたり、ホームページを見たりして、志望校についてじっくり考えてみてください。

高校の勉強をかじっているだけの今はどんな大学を目指そうと自由です。東大理Ⅲだろうと慶應医学部だろうと夢を見られます。実際に志望校を決めるのは高2や高3になってからですが、今のうちからイメージを持って勉強のモチベーションを高めましょう。

＊私立生の強み

私立生の強みの1つはなんと言っても、**勉強の進度の速さ**です。中学の勉強が無駄とは言わないですが、3年間みっちりかけてやるような内容ではありません。高校受験を気にせず先の内容まで踏み込めるのは大きなアドバンテージだと思います。僕自身、私立高校に入ってこの優位性をすごく実感しました。

もう1つの強みは**勉強して当たり前な環境**があることです。周りの子もみんな、勉強するために中高一貫校を選んでいるため学業に力を入れて悪目立ちすることがありません。受験情報のやりとりも活発に行われます。

勉強は自分次第とはいえ、周りの環境は大きな影響力を持つため自分が目標に向かって勉強しやすい学校に通うことは重要だと思います。

この強みを生かして常に先頭集団で走っていきましょう。ゴールはあなたを待っています。

私立中学生の原則

＊高校入学までにやっておくべき3つのこと

中学校での勉強が合否を完全に決めてしまうことはありません。勉強以外にやりたいことがある人はそちらを優先するのも良いと思います。

とはいえ中高一貫校だからこそできる勉強はあります。ここでは大学受験を考えて高校入学までにやっておくべきことを3つあげます。

(1) 数学の速修

これまでも書いてきた通りです。中高一貫校では速修するところがほとんどなので、学校通りに勉強すれば自然と高校の内容まで進められます。

もちろん授業を受けるだけでは身につかないので、第2章でお伝えしたように『青チャート』などで練習してください。

学校によっては、『青チャート』や『フォーカスゴールド』を高校に入ってから配ることもあります。その場合は数Ⅰ・Aだけ先に自分で買って進めましょう。「訓練」の勉強はそれくらい重要です。

⑵ 英語の基礎固め

英語の基礎固めとして必要なのは**共通テストレベルの英単語**と**高校文法**です。この2つを終わらせられれば、英語の進度はバッチリと言えます。

前者は知っている単語も多く、割とすんなりこなせるはずです。初めての単語帳だと思うので、うまく活用して自分にあった単語の覚え方を見つけましょう。

高校文法はおそらく中学校の授業でも扱うと思います。解説を聞くだけでは身につかないので文法問題集をやってください。

これも高校に入ってから配られることがあります。そんなに高くないので自分で買って進めましょう。問題集をひととおり終えたら高校文法は合格と言えます。

英単語と文法の勉強の成果を確かめるには**センター試験筆記問題の過去問**が最適です。ちょうど良い難易度になっていると思います。

目安として時間無制限で7割くらい取れたら十分です。発音など微妙な問題もあり、現時点で9割超えするのは難しいと思います。7割取れる基礎力がついていれば3年後にはきっと満点近く取れるようになるはずです。

(3) 古文の基礎固め

これは(1)と(2)に比べたら序列が下がります。とはいえ古文のように知識が必要だけど重要性が低い教科は、時間に余裕があるときに終わらせるのがベストです。

具体的には**古文単語**と**古文法**を勉強しましょう。今どれだけ丁寧に覚えようとだんだん忘れてしまうものですが、一度やってあると次勉強するときの楽さが違います。特に古文単語は授業を受けていなくても進めやすいものなのでおすすめです。

＊中学受験は忘れよう

中高一貫校あるあるとして「元神童」と呼ばれる子が少なからずいます。

中学受験までは天才的な成績を残していたのに、中学以降は勉強せず大学受験に苦労する人たちです。そういう子はかつての感覚で「やればできる」と思っているため、勉強を後回しにします。

しかし、中学受験の勉強と大学受験の勉強は別物です。**勉強内容の量が圧倒的に違います。**だから、気づいたときにはとてもやりきれない積み残しを作ってしまうのです。中学受験を終えたら切り替えて、また0から勉強を始めましょう！

逆に中学受験であまり成績が伸びなかった子はそのイメージを引きずる必要はありません。中学受験に必要な勉強が大学受験に生かされることはほとんどないので、ここからはあなた次第です。

今後のルート

ここでは私立中学生がいつまでに何を勉強していくのかという見通しをお話します。ここに書いたことがすべてではなく、違うルートで合格を勝ち取る人もいますが、まだ先のことがわからない人には役に立つはずです。

中学校

国語
・古文単語
・古文法

英語
・英単語（共通テストレベル）
・英文法

数学
・数学Ⅰ・A

物理
・なし
化学
・なし
←
高校1年生
国語
・漢文句法
・漢字の読み
英語
・英単語（二次試験レベル）
・英文解釈
・英作文
数学
・数学II・B

物理
・なし
化学
・なし
←
高校2年生
国語
・なし
英語
・英熟語
・英文解釈
・英作文
・英語長文
数学
・数学III
↖

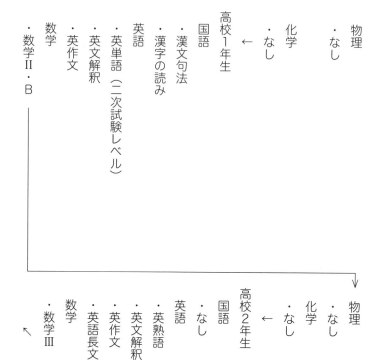

物理
・力学
・熱力学 or 波動
化学
・理論化学
・有機化学 or 無機化学

←

高校3年生
国語
・共通テスト対策
英語
・英語長文
・共通テスト対策
・二次試験過去問演習
数学
・演習

↓

・共通テスト対策
・二次試験過去問演習
物理
・残り単元
・演習
・共通テスト対策
・二次試験過去問演習
化学
・残り単元
・演習
・共通テスト対策
・二次試験過去問演習

←

医学部合格

【中学生に伝えたいこと】

公立、私立を問わず中学生の皆さんにお伝えしたいことがあるのでこういう書き方をしました。第2章でチラリと触れましたが、中学時代は現代文を得意にする最後のチャンスです。文章を読めば読むだけ、力は伸びます。

あなたはどれくらい本を読んでいますか?

もしかしたら年に1冊も読まないという人もいるかもしれません。しかしそれでは現代文の力はつきません。新聞を毎日、本を週1冊読むだけでも違います。

もちろん英語や数学に比べたら優先度が低いので「絶対すべき」とは言えませんが、少し意識を変えて取り組んでもらえたら嬉しいです。

コラム 模試について

学外で受けるテストといえば多くが模試になると思います。すでに何回か受けている人もきっといますよね。ここではまず学年別に模試の重要性について考えてみたいと思います。

〈高校3年生〉

高3で受ける模試は進路を決める上でとても重要な役割を果たします。

筆頭は**「冠模試」**と呼ばれる**大学別の模試**です。大手の予備校が力を入れて大々的に行っているため、正確な判定が出るし、予想問題としても使えます。できるだけ受けましょう。特に第1志望の大学は複数の予備校の模試を受けることをおすすめします。

ただ、冠模試ではあなたの志望大学が対象外となる可能性もあります。その場合は難易度や問題が似ている大学を探して受けてみてください。

次に受けるべきなのは**マーク模試**です。年に4、5回共通テスト対策のために行われるものになります。学校で強制的に受けさせられる場合もあるかもしれません。

1学期は様子見の感覚で良いですが、2学期以降は各設問の時間配分を事前に決めて、ちゃんと鉛筆を使って、本番のつもりで受けましょう。

僕の場合、本番はマーク模試と何ら変わらない会場で同じように受験したため、変な緊張をしませんでした。マーク模試を受けておいて心底良かったです。

高3の模試にはこの2つの以外に**全国模試**があります。高1高2で行われる模試の続きみたいな感じです。これを受けるかどうかは自由です。僕は全く受けませんでした。冠模試とマーク模試だけでもかなりの日程を取られるので、全国模試まで受験する余裕がなかったというのが正直な理由です。

多種多様な受験生が受けるものなので、受験する際は目的をはっきりさせて判定は気にしないようにしましょう。以上が高3の模試事情です。

〈高校1、2年生〉

高1、高2に関しては模試が進路に大きく関わってこないため、人によって受けるかどうかの意見が分かれます。

「模試は実力を試すものであり、実力を伸ばすものではないから受けるな」と言う人もいれば、「塾が必要だと思って作っているものだから受けろ」と言う人もいます。

僕は**高1に関しては「受けるな」派、高2に関しては「受けろ」派**です。

僕が考える模試のメリットは実力試し以外に2つあります。

1つはテスト慣れできるということ。もう1つは知識の定着に役立つということです。テスト形式だからこそ自分の癖や解くスピードがわかるし、そういう緊張した状態で駆使した知識は、脳のより深くに刻まれて抜けにくくなります。

このことを踏まえて、基礎固めすら不十分な高1生は癖も知識もないため、模試を受けるメリットが小さいと思います。

また、高1だと受験者の実力にばらつきがありすぎて実力を正確に測れません。特に私立生にとっては習ったばかりの人と勝負しても意味がないと思います。

逆に高2で模試を受けるべきと書いたのは、基礎固めが終わる時期だからです。中だるみしやすい高2生にとっては良い目標にもなります。

これはあくまで僕の個人的な意見なので、最終的にはあなた次第で決めましょう。

ここからは模試を受ける際の注意事項を書きます。

〈模試の回数〉

まず、考えないといけないのは回数の問題です。模試を受けるべきだと書いた高2、高3生でも、あるだけ受ければ良いという話ではありません。1回の模試で2日間まるまる使うこともあるので、受けすぎると勉強時間が減るし何より疲れます。

目安として**高2で年に2、3回、高3は年に10回前後**がおすすめです。

〈復習について〉

次は復習です。模試は良問が多いから丁寧に復習しなさいと言う先生は多いと思います。確かに「冠模試」に関しては予想問題にもなっているため、時間をかけて復習する価値があります。

しかしそれ以外は間違えた問題を見直す程度で良いと思います。そもそも模試は本番のように緊張感を持って受験することに意味があるからです。

それに結果が返ってくるまでは自分の出来が気になって、復習に身が入らないと思います。

〈模試の種類〉

各予備校で似たような模試が展開されていますが、マーク模試は東進、全国模試は代ゼミというように模試ごとに予備校を決めて継続的に受けたほうが実力を測れます。どう決めたら良いかわからないと思うので、ここでは各模試について僕のおすすめのを紹介したいと思います。

冠模試は複数の予備校で受験する可能性が高いので、ぶっちゃけどれでも構いません。河合塾、駿台、東進の3択でしょう。

マーク模試は河合塾がおすすめです。河合塾が一番本番に近い難易度だと思います。東進や代ゼミは難しすぎるし、駿台は文系科目を中心に悪問が多いです。これは各予備校が出す共通テストの予想問題集にも同じことが言えます。

高1〜高3の全国模試は駿台がおすすめです。受験者と問題のレベルが共に高いからです。河合塾は優しすぎるし、それ以外はそもそも受験者数が少なすぎます。

ここまで色々書いてきましたが、最後に1つ。模試の範囲は基本的に公立高校の進度に合わせられています。冠模試でさえ、第1回だけは公立の進度に配慮した内容になっています。

そのため私立生は自分の勉強の進度に合わせて1つ上の学年の模試を受けるのも良いかもしれません。僕の学校にも現にそういう人はいました。高2で志望大学の冠模試を受けてみるのも良いと思います。

第5章

公立高校1年生へ

●医学部現役合格を目指すための勉強計画

今考えるべきこと

＊自分の学力の現状は？

高校受験を終えたばかりで大学受験のことを考えるのは大変だと思いますが、リミットは迫ってきています。

公立高校からの医学部合格を考えたときに**勝負の鍵を握るのは高1**です。今が合否を分ける夕ーニングポイントなのです。

公立生と私立生では勉強の進度に約1年分の差があります。今からなら私立生に肩を並べることも、逆転することも可能です。しかし高2以降ではそうもいかなくなります。高1の1年を大切に心してかかりましょう。

学力の現状としては、あなたがどこまでの勉強を終わらせているかが気になります。ページをめくって本書106ページ以降の『公立高校1年生の原則』を開いてください。

そこに書いてある勉強をどれくらいやれていますか？

高1中に全部やりきれそうならとても順調です。実際に計画を立ててみましょう。

でもきっと「そんなにやれないかも」と思った人がほとんどですよね。僕も無理を承知で書いています。残された時間を使ってやれるだけ頑張ってください。ここを越えれば合格が大きく近づきます。

＊数学の授業はいつ終わる？

数学の速修が必要だという話はもうしなくて良いですよね。そのために知っておきたいのは高校の数学の授業進度です。

授業はどんなペースで進んでいますか？

高1中に数I、Aだけしかやらない学校は要注意です。先生に聞いていつどこまで終わるか具体的な情報を掴んでおいてください。

理想は高2中に数Ⅲまで終わることですが、そんな高校はなかなかないので**高3の1学期中**を目安にしてください。

そこまでに数学の授業が終わらないことが判明した場合は自分で予習する必要があります。具体的には高1、高2の長期休暇を利用して、『青チャート』などの網羅型問題集を進めてほしいです。授業の遅い高校に通う人の予習については、第2章に詳しく書いたので振り返ってみてください。

＊公立生がはまりがちな落とし穴

本章の最初に書きましたが、高1時点で公立生は私立生と比べて1年分近い勉強の遅れを取っています。その遅れを取り返すには私立生以上の勉強が必要です。しかし、公立高校の中にいるとそれを自覚するような機会はありません。**常に見えない敵を追いかける状況**が続くのです。さらに周りには部活や遊びに全力を注いでいる人もいたりします。

敵は見えないし、周りは勉強していない。そんな状況で勉強を続けるのはきついと思います。なんで自分1人だけこんなに頑張っているのだろうと馬鹿らしくなることもあるかもしれません。

しかし、目標は見失わないように。あなたが目指すのは「医学部合格」です。どれだけ大変だろうとここは絶対に乗り越えてください。高2、高3になれば勉強が軌道に乗って私立生との差も縮まるし、周りも受験モードに変わってきます。何度も書きますが、勝負の鍵を握るのは高1です。

公立高校1年生の原則

＊とにかく英語と数学

公立高校からの医学部合格を考えると、とにかく重要な高1ですが、すべきことは単純です。

とにかく英語と数学に尽きます。私立生と比べて遅れているのもこの2教科なので、ここを叩いて一気に合格への軌道に乗りましょう！

〈英語〉

高1でやるのは**英単語**と**英文法**という基礎固めです。知識を体に染み込ませないことには、その先の勉強ができません。私立生はこの基礎固めを半分以上終えた状態で高校に入学しています。高1でやりきってなんとか追いつきましょう！

英単語はおそらく初めて本格的な勉強をすることになると思います。いきなり二次試験レベルの単語帳をやるにはハードルが高いので、まずは共通テストレベルの単語帳をやってみてください。きっと知っている単語も多いはずなので2、3ヶ月あれば1冊終わると思います。

それが終わったら次は二次試験レベルの英単語帳です。『ターゲット』だろうと『シス単』だろうと構いません。気に入ったものを1冊進めてください。さすがに知らない単語ばかりで、共通テストレベルの物と比べると倍以上時間がかかると思います。高1中に終われば良いので、何周もして確実に定着させてください。

英単語と並んで重要なのが英文法です。こちらは中学で習ったことが基礎となります。単語帳よりは勉強のイメージをしやすいかもしれません。学校の授業か参考書をベースに問題集で反復してください。

文法を理解するだけでなく「the ＋比較級」などの構文や「cannot help doing」などの慣用表現を暗記しないといけないので、時間はかかります。めんどくさそうですよね。でも、この時期にやらないと本当に後に響くので頑張りましょう。

以上が高1ですべき英語の勉強になります。「これだけ？」と思うかもしれませんが、これだけがすごく大切で大変なのです。先を急ぎたくなる気持ちをグッと堪えて地道に勉強しましょう！

〈数学〉

数学は高1の間に**数Ⅰ、A、Ⅱの3つ**を終わらせておきたいです。

数Ⅰ、Aまではどこの高校も高1中に終わると思うので、学校の授業に合わせて勉強を進めていけばOKです。一単元の授業を受け終わるたびに『青チャート』などの網羅型問題集をやりこみましょう。定期テストの対策にもなると思うので、一石二鳥です。

数Ⅱは学校次第で授業が間に合わないところもあると思います。その場合は自分で予習を進めてほしいです。量が多いので大変ですが、長期休暇を利用して勉強しましょう。

どうしても間に合わない場合は微分と積分を飛ばしてください。この2つの分野は数Ⅲでも詳しく勉強するので、授業を受けてから数Ⅲと一緒に勉強することも可能です。

これだけ書くと意外とやれそうに見えますが、高校の数学を始めたばかりだと1つ1つの分野をマスターするのに結構時間がかかると思います。過程の論述の練習もしないといけないので、『青チャート』は１日10問くらいしか解けないはずです。それでも焦らず一歩一歩進めるしかありません。何となく答えだけ合わせる勉強はしないように。

英語も数学も我慢の勉強が続きますが、修行だと思って耐えてください。浪人するよりよっぽどマシだと思います。

＊毎日・必ず勉強しよう

高１は学校生活に慣れるために大切な時期です。人間関係や部活、学校行事など時間をかけるべきものはたくさんあります。

とはいえ勉強も高１が一番大切です。この１年の過ごし方で合否が変わってくるのは事実なので、毎日必ず机に向かいましょう。

「ノルマさえこなせれば休日にまとめてやる勉強で良いじゃないか」と思う人もいるかもしれません。

しかし、公立生は後々理系科目の予習が必要になる可能性が高いです。そうなると時間のある休日に予習を進めたいので、他の勉強を平日にやらざるを得ません。高１のうちから平日を含めて毎日勉強する習慣をつけたほうが有利です。

今後のルート

ここでは公立生が今後いつまでに何を勉強していくのかという見通しをお話しします。ここに書いたことがすべてではなく、違うルートで合格を勝ち取る人もいますが、まだ先のことがわからない人には参考になるはずです。

高校1年生

国語

・なし

英語

・英単語（共通テストレベル）　夏休みが終わるまでに

・英単語（二次試験レベル）　3学期が終わるまでに

・英文法　3学期が終わるまでに

数学

・数学Ⅰ・A・Ⅱ　3学期が終わるまでに

物理

・なし

化学
・なし

←

高校2年生

国語
・なし

英語
・英文解釈　3学期が終わるまでに
・英作文　3学期が終わるまでに
・英熟語　長期休暇に

数学
・数学B　夏休みが終わるまでに
・数学Ⅲ　高3へ続く

物理
・力学　3学期が終わるまでに
・熱力学or波動　学校通りに

化学
・理論化学　学校通りに
・有機化学or無機化学　学校通りに
←
高校3年生
国語
・共通テスト対策
英語
・英語長文　常に
・共通テスト対策　12月から
・二次試験過去問演習　10月、11月と共通テスト後
数学
・数学Ⅲ　1学期が終わるまでに
・演習　全範囲終わり次第
・共通テスト対策　12月から
・二次試験過去問演習　10月、11月と共通テスト後

物理
・残り単元　夏休みが終わるまでに
・演習　全範囲終わり次第
・共通テスト対策　12月から
・二次試験過去問演習　10月、11月と共通テスト後

化学
・残り単元　1学期が終わるまでに
・演習　全範囲終わり次第
・共通テスト対策　12月から
・二次試験過去問演習　10月、11月と共通テスト後

↓

医学部合格

こうしてみると高2高3でやることがいかに多いかわかりますよね。そこに高1の積み残しがあったらと考えるとゾッとします。今のうちから一歩一歩頑張りましょう！

コラム 地理の勉強法

はじめに、実は僕はセンター試験の地理で満点を取りました。

「9割以上は至難のわざ」とか書いておいてなんなんだこいつは……」と思った方もいるかもしれません。ごめんなさい。

実は地理でも勉強次第で高得点を取れる可能性はあります。しかし、膨大な時間を要するため、おすすめはしません。そういう意味を込めて「至難の技」と書きました。地理のメリットはコスパの良さですから、その時間をかけるくらいなら日本史や世界史を選んだほうが確実なのです。僕はどうしても歴史が嫌いで地理を選んだものの、社会で高得点を取りたかったためそれだけの時間を割きました。

ここではその際にどう勉強したのかを書きたいと思います。真似して実践する必要はないにせよ、通常の勉強にも多少は参考になると思うので読んでもらえれば幸いです。

普段の勉強で大切にしていたのは**ノート作り**です。これは授業のノートではありません。知らなかった知識をメモしてため込むためのノートです。

定期テストや模試などで出会った知らない情報や覚えても忘れやすいこと、重要そうな地図や統計をすべてメモします。高2で地理の授業が始まってからずっとです。最終的にはA4のノートを3冊も消費し、高3の2学期になると、学校のテストくらいならこのノートの復習だけで安定して9割以上の点数を取れました。

高3の12月からはとりあえずこのノートと教科書を読んで、全範囲の知識を思い出す作業をします。期間としては平日で5日間くらいです。

その次に過去問を数年分解きました。しかし、暗記したあとでも点数は8割弱で一向に上昇する気配を見せません。

問題はここからです。まず、白地図を地域ごとに数枚ずつコピーして必要な情報をすべて書き込む作業を繰り返しました。気候も地形も工業も都市名もすべてです。ぐちゃぐちゃになりますが、1枚にまとめたほうがつながりが見えます。

それを終えた後は資料集を読みました。大切だと思う表やグラフはすべて切り抜いてノートに貼り付け、何度も見直します。この作業は本当に時間がかかりました。

あとは過去のテストや模試で間違えた問題を切り抜いてノートに貼る作業もしました。解けるようになるまで見直して、問題から得られる知識はすべて吸収しました。

ここまでやると徐々に迷う問題が減ってきます。迷ったとしても大抵は2択に絞れることが多いです。本番直前1週間にはセンター試験の過去問で迷う問題は3問以下、平均で90点以上を取れるようになりました。

このように知識だけでは解けないと言われる地理も結局は知識なのです。膨大な知識量を得れば、高得点を取れるようになります。

しかし繰り返しになりますが、そこまでやるなら歴史科目を選んだほうが賢いです。語句だけでなく地形や統計まで覚えないといけない地理では、暗記という作業が想像以上に辛かったです。

地理選択の人はこれを全部やるのではなく自分の苦手に合わせて、白地図だけ試してみたり、資料集を読んでみたりと部分的に参考にしてもらえると良いと思います。

第6章

私立高校1年生へ

●医学部現役合格を目指すための勉強計画

今考えるべきこと

*自分の学力の現状は？

高校に入ると勉強に力を注ぐ子も増えてきますよね。テストのたびに席次が気になるかもしれません。しかし、今の席次なんてぶっちゃけどうでも良いです。私立で授業進度が早いとはいえ、英語、数学は基礎固めの領域を出ないし、理科に至っては勉強が始まってもいないでしょう。

それよりも、あなたがどこまでの勉強を終わらせているかが気になります。ページを戻して本書90ページの『私立中学生の原則』を開いてください。高校入学までにすべきことを3つ書きました。そのうち⑶は高1でやれば良いので無視してください。

⑴と⑵はどれくらい終わっていますか？

ほとんどOKという人はとても順調です。今度は隣のページの『私立高校1年生の原則』を開いてください。今後の計画を考えてみましょう。

やり残しがあるという人はまずはそこから潰す必要があります。焦るほどの量ではないと思うので、着実に終わらせてください。高1の勉強はそれからです。

＊私立生がはまりがちな落とし穴

落とし穴というのはズバリ**「勉強しすぎ」**です。

「もう大学受験は始まっている」「鉄緑会は高校内容まで終わってるぞ」中高一貫校だと、中3〜高1の間、周りから散々煽られると思います。それは中学受験を終えて全く勉強しなくなった子が、そのままの流れで高校生活を送らないようにするためです。

しかし医学部合格という目標を持っているあなたは、きっとそれなりに勉強してきているはずです。そんなあなたが焦って猛勉強する必要はありません。

学力が上がれば上がるほど成績の伸びは小さくなります。高1で毎日4、5時間勉強し、成績の伸びのピークを迎えてしまうと、その後2年間のモチベーションに苦しみます。僕の周りにもそういう子はいました。結果として受験に失敗する可能性だってあります。

中学から頑張ってきた子は**そのままの出力**で十分です。普通の勉強で高1のノルマはこなせます。それ以上の頑張りは高2、高3にとっておきましょう。

私立高校1年生の原則

＊数学はひたすら基礎固め

私立だと中学までに数Ⅰ、Aを終わらせている学校が多いです。その経験からわかると思いますが、高校の数学は習得するのが大変ですよね。授業を受けて理解し、『青チャート』などを周回して復習する一連の流れがひたすら続きます。それはこれからもです。

高1では主に**数Ⅱ、B**を勉強することになります。図形と方程式やベクトルなど入試頻出の分野ばかりです。公立生が二次関数に苦労している頃に、そこまで勉強できるだけでも大きなアドバンテージですが、油断してはいけません。今まで通り、（もしくは気持ちを切り替えて）1つ1つの分野を「訓練」していきましょう。

その上で余裕がある人は**数Aをもう一度復習してほしい**です。入試の難問は実は数Ⅲではなく数Aに潜んでいます。抽象的な内容が多く、基本的な考え方が身についていないと大きく点数を落としてしまう分野です。

自分的に終わらせたと思っても意外と抜け落ちていることがあったりするので、見直してみましょう。

＊英語のステップアップ

共通テストレベルの英単語と英文法が終われば基礎固めはひとまず完了です。もちろん二次試験レベルの英単語は勉強しないといけませんが、私立生はそれに加えて**英文解釈と英作文**に入る段階にきています。1つ上のステップです。

英文解釈は日本語力も試されるので、問題を解くときは必ず紙に書くようにしましょう。脳内で大体の意味を考えるのと、実際の言葉で訳を作る作業は全くの別物です。

例えば「It seems that he is angry.」という英文があったとします。

「なーんだ簡単。それは思える。彼が怒っているように。」

脳内で前から訳せばこれくらいテキトーでも意味を理解できます。長文を読んでいる途中ならこれで十分です。

しかし英文解釈でこの訳を書いても1点ももらえません。単語の意味はすべて合っているのにです。「私は文構造をしっかり把握してますよー」とアピールできる日本語を作らなくてはいけません。

この英文には「形式主語のit」という構文が使われています。それを理解していることを採点者に示すためには「it：それ」を訳さずに

「彼は怒っているように思える」と書く必要があるのです。

簡単な例なのでそんなの当然じゃんと思った人もいるかもしれませんが、入試問題はこの何倍もの単語数でもっと難しい文法事項を挟んだ英文をこれでもかと出題してきます。普段の勉強から「伝わる日本語」を書くよう意識しましょう。

書くことが大切という意味では英作文も同じです。脳内で英文を作ると日本語をそのまま直訳

しがちになるので、正しい文法を意識して手を動かしてください。

そのためには第2章で書いたように『英作文ナビ』の例文集を暗記しましょう。どんな問題も例文のパターンに当てはめれば、自然と文法的に正しい文を書けます。例文に加えてもちろん表現の暗記も忘れずに。

*国語も触れておきたい

数学と英語が重要なのに変わりはありませんが、時間がある高1だからこそ国語を勉強しておきましょう。具体的には**古典の基礎知識の習得**です。

古文単語、古文法、漢文句法、漢字の読みの4つをこの時期に一度頭に入れておけば、高3での共通テスト対策がかなり楽になります。それぞれ量は少ないですが、慣れないものばかりで時間がかかるので長期休暇にやりましょう。

古文単語は1つの単語で複数の意味を持つものが結構あります。できればそれも全部覚えてほしいです。多義語を狙い撃ちした出題もしばしばあります。個人的にはそれぞれの意味がプラスの感情かマイナスの感情かを意識すると覚えやすかったです。

古文法で一番大変なのは助動詞の意味だと思います。「べし」なんかだと6個も意味が存在します。僕は友達に助動詞の意味をラップで覚える動画を教えてもらってそれで勉強しました。意外とおすすめです。

漢文句法と漢字の読みは現代でも使う表現があったりして、比較的覚えやすいです。良い参考書もたくさんあるので、1冊買ってさっと終わらせましょう！

今後のルート

ここでは私立生が今後いつまでに何を勉強していくのかという見通しをお話しします。ここに書いたことがすべてではなく、違うルートで合格を勝ち取る人もいますが、まだ先のことがわからない人には参考になるはずです。

高校1年生

国語

・古文単語　長期休暇に
・古文法　長期休暇に
・漢文句法　長期休暇に
・漢字の読み　長期休暇に

英語

・英単語（二次試験レベル）　3学期が終わるまでに

・英文解釈　高2へ続く
・英作文　高2へ続く
数学
・数学II・B　3学期が終わるまでに
物理
・なし
化学
・なし
←
高校2年生
国語
・なし
英語
・英文解釈　2学期が終わるまでに
・英作文　2学期が終わるまでに
・英熟語　長期休暇に
・英語長文　高3へ続く

数学	
・数学Ⅲ	3学期が終わるまでに
物理	
・力学	3学期が終わるまでに
・熱力学 or 波動	学校通りに
化学	
・理論化学	3学期が終わるまでに
・有機化学 or 無機化学	学校通りに

←

高校3年生

国語	
・共通テスト対策	12月から
英語	
・英語長文	常に
・共通テスト対策	12月から
・二次試験過去問演習	10月、11月と共通テスト後

数学

・演習　常に

・共通テスト対策　12月から

・二次試験過去問演習　10月、11月と共通テスト後

物理

・残り単元　1学期が終わるまでに

・演習　全範囲終わり次第

・共通テスト対策　12月から

・二次試験過去問演習　10月、11月と共通テスト後

化学

・残り単元　1学期が終わるまでに

・演習　全範囲終わり次第

・共通テスト対策　12月から

・二次試験過去問演習　10月、11月と共通テスト後

←　医学部合格

高1からやることが盛り沢山ですが、理科がない分まだマシです。未来の自分のためにも今頑張りましょう!

コラム 推薦入試について

推薦入試と一口に言っても2つの種類があります。大学が特定の高校を指定して行う指定校推薦とどこの高校からでも受けられる公募制推薦です。

国公立大学の場合、ほとんどの学校は後者の公募制推薦を実施します。自己紹介では書きませんでしたが、実は僕はこの公募制推薦で合格しました。

ここではその経験をもとに国公立医学部の推薦入試とはどんなものなのかを書きたいと思います。推薦での受験を考えている人はもちろん、考えていない人もぜひ読んでみてください。推薦入試の見方が変わると思います。

※「推薦で受かったなら、二次試験を受けてないじゃないか。そんなやつの勉強計画なんか参考にならない。」と思った人もいるかもしれません。しかし安心してください。結果として推薦合格できただけでずっと一般入試を目指して勉強していましたし、実際に前期も出願したので二次試験対策も万全を期していました。

まずは国公立大学医学部の推薦入試について概要を説明したいと思います。対象は主に現役生で条件を満たした受験生のみが出願できます。募集定員は10～40人くらいです。医学部の定員自体が100人程度であることを考えると、それなりの人数が推薦合格することがわかると思います。

試験日は一般入試よりも早く、11月～2月初旬がほとんどです。試験内容は大学にもよりますが、書類選考と面接、小論文を課す大学が多いです。様々基準がある中でも大学によって重視している部分が違ったりするので、過去のデータを見て調べてみてください。

また、共通テストの点数を利用する大学も多数存在します。僕が受験した大学もセンター試験を利用するタイプの推薦入試でした。そのためセンター試験はかなり力を入れて対策しました。先ほどのコラムで書いたように地理の勉強を頑張ったのはそういう理由です。

ここからは推薦入試のメリットについて説明していきます。メリットは主に2つあります。

1つは**早く合格を決められる**ということです。一般入試のように3月中盤の合格発表だと入学準備で手一杯になりますが、早く受かればそれだけやりたいことをできます。映画を見ようとゲームをしようと自由です。医学部は入学後もかなり忙しく、自由に過ごせるのは序盤の教養課程だけだと言われています。そのためやりたいことをできる期間が数ヶ月増えるのはかなり大きいです。

ちなみに僕は入学準備を済ませた後、資格や英語の勉強をしたり、自動車学校に通ったり、気になっていた漫画を読んだりと好き放題過ごしました（新型コロナウイルスのせいで出かけることはできませんでしたが……）。

この数ヶ月がかなりありがたかったです。

もう1つのメリットは推薦入試と一般入試で**2回受験するチャンスが得られる**ということです。一般入試が本番のテストの相性次第であることを考えると、これは大きなメリットと言えます。

何かで失敗しても取り返しがつくという気持ちで受験期を過ごせるので、変な緊張をすることなく有意義に時間を使えたと思います。

以上が推薦入試の主なメリットになります。これだけ聞くとできるなら推薦受験したいと思いますよね。しかしデメリットも存在します。

1つは**出願資格が厳しい**ということです。一般入試と別枠で募集しているだけあって、一部の大学では「地域医療に従事する」「県内高校の出身である」などの条件を課される場合があります。志望大学によっては受けたくても受けられない可能性があるかもしれません。

特に「地域医療」のような将来のキャリアについて、受験生の段階で考えることは難しいですよね。よくわからないなら手を出さないほうが賢明かもしれません。

もうひとつは一般入試とは別で**特殊な対策をする必要がある**ということです。それなりの勉強時間を削られるので、一般入試の対策と両立するのは大変です。

例えば、小論文を課す大学の場合「安楽死に賛成か反対か」など医学的知識を前提とした問題を与えられます。どんな出題をされても良いように2、30個のテーマを勉強しておくとなると、直前1週間だけでは済まないでしょう。そうなると一般入試のための勉強は疎かになりがちです。

合格できるならその勉強は大きな意味を持ちますが、不合格となった場合勉強時間を無駄に使っただけです。医学部の推薦入試は倍率が数倍あり不合格も普通にあり得るので、リスクを背負って入試に望むことになります。

ここまで推薦入試についていろいろ書いてきましたが、僕的には推薦入試は**現役生なら十分検討の価値がある**と思います。まずは自分の志望校の推薦入試について調べてみてください。

実際に推薦入試の受験が決まったら、ぜひ僕にメールしてほしいです。具体的な推薦入試対策のアドバイスができると思います。

第7章

公立高校2年生へ

●医学部現役合格をめざすための勉強計画

今考えるべきこと

＊自分の学力の現状は？

まず第5章『公立高校1年生へ』を開いてみてほしいです。公立高校からの医学部合格を考えると高1での勉強が大きな鍵を握ります。

高1ですべき勉強はどれくらい終わっていますか？

英語は高2から英文解釈など実践的な段階に移ります。その上で基礎的な知識は必要不可欠です。やり残しがある人は、焦らず確実に終わらせてください。

数学の場合、進度的にはやり残しがないという人も多いかもしれません。しかし、授業が終わっていても「訓練」が不足しているならそれはやり残しとなります。

現状の学力を測るために『青チャート』など自分が使っている網羅型問題集を開いてみてください。意外と忘れている解法があるかもしれません。これは復習しないとまずいと思った人、まずはそこから潰しましょう。

＊志望校を決めよう

今決めてほしいのは受験校ではなくあくまで志望校です。どういうことかと言うと**受かるかど**

うかは考えず、行きたい大学を決めてほしいということです。

現時点で模試の判定や偏差値を見て「〇〇大学は無理だけど△△大学なら受かるかも」なんて考えている人は結構いると思います。

しかし、**今の成績は何の参考にもなりません。**まだ全範囲の基礎すら終わっていないし、入試とは傾向も難易度も違う模試で受かるかどうかを判断することはできないのです（理Ⅲなど極端な例を除く）。高校受験を経験した皆さんならこのことはよくわかっていますよね。

なので実際に受験校を決めるのは、高3で冠模試を受けたり入試問題に触れてみたりしてからです。

今はオープンキャンパスに行ったり、各大学のホームページを見たりして受験以外の情報収集をすることで「行きたい大学」を決めてください。志望校は現時点での成績から数ランク上でも構いません。

今でも十分忙しいかもしれませんが、こんな作業は高3になってからではできません。成績だけで志望校を決めて受験直前期に悩む子はよく見かけました。早めから入試以外の情報を整理しておくことで高3になってからスパッと受験校を決められるし、少し上の大学を目指すことで結果として受験校の幅が広がることもあると思います。

*理系科目の授業はいつ終わる？

数学についてはもういいですよね。高3の1学期中に授業が終わるなら学校通り、それ以外は長期休暇に予習。同じ話です。予習の仕方は第2章を参考にしてください。

物理と化学に関しては高2から本格的な勉強が始まると思います。

授業はどのようなペースで進んでいますか？

学校の先生にいつどこまで終わるか聞いてみてください。理想は**高3の1学期中に全範囲終わること**ですが、公立だとそんな学校はほとんどないと思います。その場合どうしても予習が必要になるので、次の『公立高校2年生の原則』を参照してください。（特に化学）

公立高校2年生の原則

*英語にカタをつけよう

高1で基礎固めをしたら、高2ではいよいよ実践的な問題を練習していきます。第2章でも書きましたが、英語は高2で完成させておきたい教科です。「完成」とは英文解釈と英作文をひととおり終わらせることを言います。つまり高2では英文解釈と英作文をマスターする必要があるのです。

この2つに関してはすでにおすすめ参考書を紹介しました。当面はそれを**2周以上することが**

目標です。

英文解釈のおすすめ参考書としてあげた『英文読解の透視図』は文法事項ごとに文法と英文解釈の橋渡しをしてくれます。これを2周以上すればきっと英文を読む際の目の付け所がわかるはずです。

英作文は『英作文ナビ』をおすすめしました。特に大切なのは例文暗記です。これをやるかやらないかで、その後の問題を解く意味が変わってきます。しっかり型を覚えた上で、その後の練習問題に取り組んでください。もちろん知らなかった表現を覚えることも忘れずに。

ここまでを高2中に終えることができたらOKです。もし余力があれば3学期に長文問題に手をつけ始めても構いません。

プラスアルファとして夏休みには英熟語に手を出してほしいと思います。1000個程度の熟語帳を1冊終わらせましょう。単語力があれば比較的覚えやすいはずです。

これが高2ですべき英語の勉強になります。高2で英語にカタがつけば先は明るいです。合格にかなり近付いたと思ってもらっても構いません。時間のかかる勉強ですが、なんとか頑張ってください。

＊数学・化学は進度重視

〈数学〉

高2でも数学はとにかく「訓練」です。高2になると学校の授業とは完全に独立して自分で予習を進めている人も多いと思います。まずは1学期中に数Bを終わらせてしまいましょう。夏休みの前半まで食い込んでも構いません。数Bは量こそ少ないですが、かなり出題率が高いので丁寧に勉強してください。

それが終わったらいよいよ数Ⅲです。数Ⅲはかなりのボリュームがあるので、学校があるうちに進めるのは難しいかもしれません。なので夏休みや冬休みを利用して一気に勉強しましょう。

特に後半の微分、積分は数学全体で最も重要な分野になります。数Ⅱでやった微分、積分とは比にならないくらい大変なので、心してかかってください。

どんどん新しい分野を進めねばならず苦しい勉強が続きますが、数学はとにかく進度重視です。地道に予習する以外方法はないので頑張りましょう。

〈化学〉

高2になりいよいよ本格的な勉強が始まった化学ですが、これも進度重視の科目になります。ここでは予習の仕方を中心に化学の勉強について詳しく書きたいと思います。

はじめに習うのは理論化学です。そのため予習は必要ありません。ただ、この理論化学の**計算問題**は他分野にも応用されるのでかなり重要です。物理で言うところの力学と同じく、力を入れて勉強してください。

特に**物質の状態**や**化学平衡**の問題は難易度が高いものも存在します。標準問題集をしっかりやりこんで応用力をつけておきましょう。

もちろん計算だけではありません。暗記事項もそれなりにあります。問題を解きつつで構わないので、知識の補充も忘れずに。

次は有機化学か無機化学のいずれかだと思います。高校によって有機が先だったり無機が先だったりするので**後になったほうを予習しましょう**。公立生の場合、数学の予習もあるので冬休みや春休みなどの長期休暇に勉強するのがおすすめです。

この２つはどちらも**暗記が中心**です。その量はばかになりません。特に無機化学は知識をそのまま答える社会科目のような出題が多いため浪人生有利と言われる分野になります。まずは知識を整理して覚えることからやりましょう。

それが終わったら標準問題集に取り組みます。暗記の確認がてらボチボチ進めて完成させてください。

以上が化学の勉強です。「数学だけでも大変なのに……」と思うかもしれませんが、もう少しの辛抱です。しっかり基礎を固めて高3の夏休み以降の演習に備えてください。

＊物理の勉強について

高2から本格的な勉強が始まった物理ですが、基本的に速修は不要です。これは第2章でも書きました。授業が遅い高校の人は、**高3の夏休み**にまとめて予習すれば構いません。ここではそれを踏まえて高2〜高3で物理をどう勉強していくか、書きたいと思います。

まず、なんと言っても大切なのは力学です。高2はこれに尽きます。**すべての授業に集中して徹底的に勉強してください。**力学次第で物理ができるかどうかは決まります。物理が得意だけど力学は苦手という人は1人たりともいません。

特に高校受験の物理が得意だった人は要注意です。高校の力学は中学とは全く違います。中学で習ったことが実は間違っている場合すらあります。今までのイメージは完全に捨てて勉強しましょう。

そんな力学の中でも特に大切なのは**運動方程式**と**単振動**です。

運動方程式は公式的に覚えるだけの人がいます。（$v^2 - v_0^2 = 2ax$ など）

これは絶対にやめてください。原理から理解し、現象を式で表せるようにならなければ入試問題を解けるようにはなりません。

単振動は力学だけでなく波動や電磁気など様々な分野で応用されます。そのため早めの習得が重要です。今まで考えたことのないような概念なので、はじめは戸惑うかもしれません。慣れるまでしっかり「訓練」しましょう。

力学が終わったら熱力学と波動をやると思います。おそらく高2中、もしくは高3の1学期序盤に終わるはずです。

この2分野の重要性は同じくらいです。力学、電磁気学の下の3番手ポジションを争っています。大学によっては波動学と熱力学は毎年片方だけ出題する場合もあるようです。しかし勉強の大変さは全然違います。

熱力学は物理の中で**唯一公式当てはめが通用します**。というのも原理が難しすぎて大学に入ってからしか勉強できないのです。

結果として高校の熱力学は**ダントツで簡単な分野**になっています。難しすぎる部分は大学生になってからの自分にお任せして、今はさっさと公式を暗記してしまいましょう。

それに対して波動は**かなり難解**です。波動が一番嫌いと言う受験生は多数存在します。波動が難しい理由は現象が目に見えず、概念だけが先走っていて、**感覚的に解かないといけないから**です。そのため、勉強しても手応えをなかなか得られません。僕も波動には一番苦労しました。

これに関しては１００％理解し切ることは難しいため、とにかく数をこなして徐々にできるようにしていきましょう。

次は電磁気学です。これはおそらく高3の1学期〜2学期に習う分野になります。高3の夏休みに予習するのはこの電磁気学です。

力学に次いで出題頻度が高くかなり重要な分野ですが、内容はそこまで難しくありません。しっかり原理を理解すれば点数を稼げるようになると思います。

ただこれも高校受験の物理が得意だった人は要注意です。例えば、直列回路の抵抗の公式ってありますよね。高校受験はあれを使って解ける問題ばかりでしたが、大学受験ではそんな簡単な回路は出題されません。公式をむやみに使うと確実に間違えます。新しく原理から勉強し直しましょう。

残りは原子学です。最後の分野なので予習は必須ですが、出題されない大学も多く、優先度は一番低くなります。高3の夏休みにささっと終わらせましょう。語句の暗記が主な勉強になるので予習は楽だと思います。

以上が物理の勉強の概要になります。高3の勉強についても触れましたが、高2の皆さんが意識すべきは**とにかく力学**です。本当にそれに尽きます。予習は高3なので進度は気にせず、密度の濃い勉強をしてください。

今後のルート

ここでは公立生が今後いつまでに何を勉強していくのかという見通しをお話しします。ここに書いたことがすべてではなく、違うルートで合格を勝ち取る人もいますが、まだ先のことがわからない人には参考になるはずです。

高校2年生

国語
・なし

英語
・英文解釈　3学期が終わるまでに
・英作文　3学期が終わるまでに
・英熟語　長期休暇に

数学
・数学B　夏休みが終わるまでに
・数学Ⅲ　高3へ続く

物理

・力学　3学期が終わるまでに
・熱力学 or 波動　学校通りに
化学
・理論化学　学校通りに
・有機化学 or 無機化学　学校通りに
←
高校3年生
国語
・共通テスト対策
英語
・英語長文　常に
・共通テスト対策　12月から
・二次試験過去問演習　10月、11月と共通テスト後
数学
・数学Ⅲ　1学期が終わるまでに
・演習　全範囲終わり次第

・共通テスト対策　12月から
・二次試験過去問演習　10月、11月と共通テスト後

物理
・残り単元　夏休みが終わるまでに
・演習　全範囲終わり次第
・共通テスト対策　12月から
・二次試験過去問演習　10月、11月と共通テスト後

化学
・残り単元　1学期が終わるまでに
・演習　全範囲終わり次第
・共通テスト対策　12月から
・二次試験過去問演習　10月、11月と共通テスト後

←

医学部合格

高1、高2の苦労は高3で確実に報われます。演習に移る日を待ち望んで今は目の前のやるべきことを確実に潰していきましょう！

コラム 医学部の面接について

国公立大学の医学部は推薦入試だけでなく一般入試にも面接を課すところがほとんどです。配点は大学によって違いますが無視はできないので、誰しも対策をすることになると思います。僕は推薦入試を受験した分、面接対策は人一倍やったのでここではその経験を生かして具体的にどんな対策が必要なのかをお伝えしたいと思います。

面接と一口に言ってもパターンは主に2つあります。

1つは**人間性を試す面接**です。多くの大学の一般入試はこちらを採用しています。

主な質問は

・高校生活の一番の思い出は
・将来は臨床医か研究医か
・留学に興味はあるか
・志望理由は

・本学でないといけない理由は

などです。

これを見ると特別な勉強をしなくても答えられそうですよね。面接官は出願の際に送付する調査書や志望理由書をもとにこういう質問をしてきます。事前にそれらのコピーを取っておいて、質問を予想し、答えを準備しておきましょう。想定外の質問をされたときだけアドリブで答えるようにしておけばかなり余裕を持てます。

答え方で注意してほしいのは**質問に対して文章で返す**ということです。

例えば

「高校で一番頑張ったことは?」

と聞かれたときに

「部活です。」

と答えるだけではアピールになりません。コミュニケーション力を疑われてしまいます。返答はしっかり理由も含めて

「部活です。合宿など辛い練習もありましたが、部内で目標を共有し同じ方向を向いて頑張ることによってそれも乗り越えられたと思います。高3の春、地区大会で優勝できたのは良い思い出です。医師を志す上でも部活で培った忍耐力やコミュニケーション力を生かしていきた

いと思います。」

のように答えましょう。準備できていればこれくらいは話せます。もちろんすべての質問に対してこのレベルの答えはできませんが、筋の通った文章を話せればOKです。

面接のパターンはもう1つあります。それは**医学に対する興味や倫理観を問う面接**です。こちらは主に推薦入試で行われます。

主な質問は

・安楽死に賛成か反対か
・コンビニ受診についてどう思うか
・高齢社会で問題になる病気とは
・医療の地域偏在の問題の解決策は
・AIに医師の仕事を奪われると思うか

などです。

パッと答えられそうなものはありましたか？　少し難しいですよね。これらの質問の対策をするには、事前に特別な勉強が必要になります。

僕はこのタイプの面接を受けたのでみっちり対策しました。まず医学の大まかな内容を知るにはこの本がおすすめです。

・『医学・医療概説』（河合出版）
大まかな内容と言いながら細かい知識も出てくるので、人によっては難しく感じる人もいるかもしれません。その場合はこの本を読んでください。
・『医学部の面接』（教学社）
これらで知識がついたらあとはインターネットで時事問題を拾いましょう。ノーベル賞関連やホットな医学テーマについてはよく出題されます。僕のときはコロナウイルスについて多く聞かれました。

インターネット以外だと『日経サイエンス』がおすすめです。医学書ではないので一般人でもわかりやすく最新の研究を紹介してくれます。

本番で注意してほしいのは**わからないことを無理に答えない**ということです。面接官は医学部の教授です。知識量では勝てません。その相手に対して、無理に知っているフリをしても必ずバレます。わからないことを聞かれたら「わかりません。」とはっきり答えてください。知識量を問われているわけではないので、いくつか答えられない質問があっても合否に影響はありません。それよりも上辺だけの解答をするほうが印象を悪くします。

1つ目のパターンと同じく、**文章で返答すること**も大切です。知識をもとに論理が成立する返答を心がけましょう。

ここまでが医学部の面接についての話になります。これはあくまで一般的な話で実際は受験校に合わせた対策が必要です。出願までにしっかりリサーチして、どんな面接が行われるか確認しておきましょう。何かわからないことがあったら気軽にメールしてきてください。

第8章

私立高校2年生へ

●医学部現役合格を目指すための勉強計画

今考えるべきこと

＊自分の学力の現状は？

まず第6章『私立高校1年生へ』を開いてください。

高1ですべき勉強は終わっていますか？

高2になってしまった以上、国語の勉強はどうでも良いですが、二次試験レベルの英単語と数学Bまでは必ず終わらせてください。高2の勉強はそれからです。

私立だと基礎固めもだいぶ進んできて、成績が気になり出す頃かもしれませんがまだ焦ってはいけません。とにかくすべき勉強を終わらせることを意識してください。

＊志望校を決めよう

※この節に関しては公立生とほとんど共通の話となります。すでに第7章を読んだという人は読み飛ばしてもらって構いません。

今決めてほしいのは受験校ではなくあくまで志望校です。どういうことかと言うと**受かるかどうかは考えず、行きたい大学を決めてほしい**ということです。

現時点で模試の判定や偏差値を見て「○○大学は無理だけど△△大学なら受かるかも」なんて

考えている人は結構いると思います。

しかし、**今の成績は何の参考にもなりません。**まだ全範囲の基礎すら終わっていないし、入試とは傾向も難易度も違う模試で受かるかどうかを判断することはできません（理IIIなど極端な例を除く）。実際に受験校を決めるのは、高３で冠模試を受けたり入試問題に触れてみたりしてからです。

今はオープンキャンパスに行ったり、各大学のホームページを見たりして受験以外の情報収集をすることで「行きたい大学」を決めてください。志望校は現時点での成績から数ランク上でも構いません。

今でも十分忙しいかもしれませんが、こんな作業は高３になってからではできません。成績だけで志望校を決めて受験直前期に悩む子はよく見かけました。早めから入試以外の情報を整理しておくことで高３になってからスパッと受験校を決められるし、少し上の大学を目指すことで結果として受験校の幅が広がることもあると思います。

＊理科の授業はいつ終わる？

私立高校だと数学の授業は早く進むため、そちらは学校に従えばうまく勉強を進められるはずです。問題は理科です。これは私立と言えど授業進度が遅い学校も存在します。僕の学校だと化学が異常に遅く、高3の10月まで授業が続いていました。

僕はそのことを高2の段階から知っていたため、高2の冬や春休みを使って予習しました。しかしそれを知らずに高3に突入し、慌てて予備校に通い出す子もたくさんいます。手遅れにしないためにも今のうちからリサーチしておきましょう。

第2章でも説明した通り、物理、化学共に高3の1学期中に授業が終わることが理想です。もしそれをはみ出すなら自分で予習することになります。数学の予習がない分公立生よりは楽なので、じっくり丁寧に進めましょう。具体的な勉強については『私立高校2年生の原則』で触れます。

私立高校2年生の原則

＊英語・数学にカタをつけよう

〈英語〉

英語は2学期までに完成させておきたいです。「完成」とは英文解釈と英作文をひととおり終わらせることを言います。すでにある程度進めている人もいますよね。第2章でおすすめ参考書をあげたので**それを2周以上することが目標**です。

英文解釈のおすすめ参考書としてあげた『英文読解の透視図』は文法事項ごとに文法と英文解釈の橋渡しをしてくれます。これを2周以上すればきっと英文を読む際の目の付け所がわかるはずです。

英作文は『英作文ナビ』をおすすめしました。特に大切なのは例文暗記です。これをやるかやらないかで、その後の問題を解く意味が変わってきます。しっかり型を覚えた上で、その後の練習問題に取り組んでください。もちろん知らなかった表現を覚えることも忘れずに。

ここまでを2学期までに終えることができたらOKです。3学期からは長文問題に手をつけましょう。

プラスアルファとして夏休みには英熟語を勉強してほしいと思います。

1000個程度の熟語帳を1冊終わらせましょう。単語力があれば比較的覚えやすいはずです。以上が高2ですべき英語の勉強になります。英語にカタがつけば先は明るいです。合格にかなり近づいたと思ってもらって構いません。他の受験生に差をつけるためにも今頑張りましょう！

〈数学〉

数学の基礎固めは高2をもって終了です。数Ⅲまで一気に駆け抜けましょう。数Ⅲは内容が多く計算ばかりで「訓練」が大変かもしれませんが、しっかりやり切ってください。勉強すれば一番点数が安定する単元なので、今の努力がきっと本番の自分を助けてくれるはずです。

もし予想以上に早く数Ⅲまで終わってしまったら、一度全範囲の網羅型問題集（『青チャート』など）を見直してみてください。どこかに穴があるかもしれません。それをクリアしたら「演習」

に入りましょう。

＊理科の勉強について

先ほども書いたように理科の授業進度は私立でも遅い学校があります。その場合の予習の仕方を含めて、ここでは理科の勉強について説明したいと思います。

〈物理〉

物理は力学、波動学、熱力学、電磁気学、原子学という5つの分野で構成されます。

まず、なんと言っても大切なのは力学です。高2はこれに尽きます。**すべての授業に集中して徹底的に勉強してください。**力学次第で物理ができるかどうかは決まります。物理が得意だけど力学は苦手という人は1人たりともいません。

特に中学の物理が得意だった人は要注意です。高校の力学は中学とは全く違います。中学で習ったことが実は間違っている場合すらあります。今までのイメージは完全に捨てて勉強しましょう。

そんな力学の中でも特に大切なのは**運動方程式**と**単振動**です。

運動方程式は公式的に覚えるだけの人がいます。（$v^2 - v_0^2 = 2ax$ など）

これは絶対にやめてください。原理から理解し、現象を式で表せるようにならなければ入試問題を解けるようにはなりません。

単振動は力学だけでなく波動や電磁気など様々な分野で応用されます。そのため早めの習得が重要です。今まで考えたことのないような概念なので、はじめは戸惑うかもしれません。慣れるまでしっかり「訓練」しましょう。

力学が終わったら熱力学と波動をやると思います。おそらく高2中、もしくは高3の1学期序盤に終わるはずです。

この2分野の重要性は同じくらいです。力学、電磁気学の下の3番手ポジションを争っています。大学によっては波動学と熱力学は毎年片方だけ出題する場合もあるようです。しかし勉強の大変さは全然違います。

熱力学は物理の中で**唯一公式当てはめが通用します**。というのも原理が難しすぎて大学に入ってからしか勉強できないのです。

結果として高校の熱力学は**ダントツで簡単な分野**になっています。難しすぎる部分は大学生になってからの自分にお任せして、今はさっさと公式を暗記してしまいしょう！

それに対して波動は**かなり難解**です。波動が一番嫌いと言う受験生は多数存在します。波動が難しい理由は現象が目に見えず、概念だけが先走っていて、**感覚的に解かないといけないから**です。そのため、勉強しても手応えをなかなか得られません。僕も波動には一番苦労しました。

これに関しては100％理解し切ることは難しいため、とにかく数をこなして徐々にできるようにしていきましょう。

次は電磁気学です。これはおそらく高3の1学期〜2学期に習う分野になります。学校の授業が遅い人はおそらくこの**電磁気学を予習する**ことになると思います。高3の1学期中にやり切れなかった部分を**高3の夏休み**に片付ければOKです。

力学に次いで出題頻度が高くかなり重要な分野ですが、内容はそこまで難しくありません。しっかり原理を理解すれば点数を稼げるようになると思います。

ただこれも中学の物理が得意だった人は要注意です。例えば、直列回路の抵抗の公式ってありますよね。高校受験はあれを使って解ける問題ばかりでしたが、大学受験ではそんな簡単な回路は出題されません。公式をむやみに使うと確実に間違えます。新しく原理から勉強し直しましょう。

残りは原子学です。最後の分野なのでこれも予習が必要になるかもしれませんが、出題されない大学も多く、優先度は一番低いです。高3の夏休みにささっと終わらせましょう。語句の暗記が主な勉強になるので予習は楽だと思います。

以上が物理の勉強の概要になります。高3の勉強についても触れましたが、高2の皆さんが意識すべきは**とにかく力学**です。本当にそれに尽きます。予習は高3なので進度は気にせず、密度の濃い勉強をしてください。

〈化学〉

化学は理論化学、有機化学、無機化学の3分野から構成されます。

はじめに習うのは理論化学です。この理論化学の**計算問題**は他分野にも応用されるのでかなり重要です。物理で言うところの力学と同じく、力を入れて勉強してください。

特に**物質の状態**や**化学平衡の問題**は難易度が高いものも存在します。標準問題集をしっかりやりこんで応用力をつけておきましょう。

もちろん計算だけではありません。暗記事項もそれなりにあります。問題を解きつつで構わないので、知識の補充も忘れずに。

次は有機化学か無機化学のいずれかだと思います。高校によって有機が先だったり無機が先だったりします。高校の授業が遅い人は**後になったほうを予習しましょう**。私立生の場合、数学の予習がないので高2の2学期頃から理論化学と同時並行で勉強するのがおすすめです。

この2つはどちらも**暗記が中心**です。その量はばかになりません。特に無機化学は知識をそのまま答える社会科目のような出題が多いため、浪人生有利と言われる分野になります。まずは知識を整理して覚えることからやりましょう。

それが終わったら標準問題集に取り組みます。暗記の確認がてらボチボチ進めて完成させてください。

以上が化学の勉強です。しっかり基礎を固めて高3の夏休み以降の演習に備えてください。予習が必要な人は少し大変かもしれませんが、高3になるとそのありがたみを実感できます。今は辛抱して頑張りましょう！

＊高3の0学期は存在しない

高2も終盤に差し掛かり3学期になると、学校や予備校などあらゆるところで「高2の3学期は高3の0学期だ。」と煽られると思います。

もちろんこの言葉が完全に間違っているわけではありません。これまで勉強してきていない人にとっては春休みを含めた約3ヶ月間をどう過ごすかによって、今後の成績は大きく変わります。受験に目を向けさせるという意味では的を射た言葉なのかもしれません。

しかし、医学部を目指しているあなたがこれまで受験を意識してこなかったかというとそうではないですよね。目標を忘れずに先を見据えた勉強をしてきたはずです。特に私立生は勉強の進度が順調なので、高2の3学期からギアを入れ替えて勉強する必要はありません。**これまで通りが一番**です。学校がある以上は急に勉強時間を増やすことができないので、いま焦っても無駄です。受験まで残り1年ちょっと、ペース配分を大切に勉強しましょう。

今後のルート

ここでは私立生が今後いつまでに何を勉強していくのかという見通しをお話しします。ここに書いたことがすべてではなく、違うルートで合格を勝ち取る人もいますが、まだ先のことがわからない人には参考になるはずです。

高校２年生

国語
・なし

英語
・英文解釈　２学期が終わるまでに
・英作文　２学期が終わるまでに
・英熟語　長期休暇に
・英語長文　高３へ続く

数学
・数学Ⅲ　３学期が終わるまでに

物理

・力学　3学期が終わるまでに
・熱力学 or 波動　学校通りに

化学

・理論化学　3学期が終わるまでに
・有機化学 or 無機化学　学校通りに

←

高校3年生

国語

・共通テスト対策　12月から

英語

・英語長文　常に
・共通テスト対策　12月から
・二次試験過去問演習　10月、11月と共通テスト後

数学

・演習　常に
・共通テスト対策　12月から

・二次試験過去問演習　10月、11月と共通テスト後

物理

・残り単元　1学期が終わるまでに
・演習　全範囲終わり次第
・共通テスト対策　12月から
・二次試験過去問演習　10月、11月と共通テスト後

化学

・残り単元　1学期が終わるまでに
・演習　全範囲終わり次第
・共通テスト対策　12月から
・二次試験過去問演習　10月、11月と共通テスト後

↓

医学部合格

こうして見ると高2の重要性ははっきりわかりますよね。高3なんてほとんど演習ばかりです。

今の勉強は辛いかもしれませんがもう少しです。頑張りましょう!

コラム　計画通りに勉強が進んだことがない人へ

　この本では国公立大学医学部への合格を目指してどのように計画を立てるかをテーマに話を進めてきました。しかしどれだけ良い計画を立てようと、それを実行しなければ学力は一向に伸びません。

　サボるのは論外として、なかには精一杯頑張っても計画に遅れを取ってしまう人もいると思います。ここではその人たちが、どう計画を立ててどう勉強していくと良いのかを考えてみたいと思います。１００％の答えは出せないかもしれませんが、少しでも参考になれば嬉しいです。

　まずは計画の立て方です。やり切れない計画を立ててしまう人は自分のこれまでを振り返ってみてください。

　計画が崩れるときは、たいてい想定外のことが起きていませんか？

　それは当然のことです。体調を崩すかもしれないし、急に用事が増えるかもしれません。

　それでも計画を立て直すには**リカバリーする期間が必要**です。具体的には週末を使いましょう。

　計画を立てる段階で休日も平日と同じだけの勉強量を入れます。そうすれば、自動的に時間が余るので、平日にやり切れなかったことはそこでやれば良いのです。**何もしない時間を作ることも計画**です。

これで計画の立て方のコツはわかりました。次はどのように勉強していくかです。計画を立てたときにできる気がするのはわかります。その段階では疲れていないし、終わりが見えているからです。

しかし、実際に勉強する段階になるとそうも行きません。部活や学校で疲れていたり、他にやりたいことが見つかったりしてやる気が起きません。結局そのままダラダラ過ごしてしまったことは一度くらいありますよね。

それを防ぐおすすめの方法は、**絶対にやらなければいけないことを先に終わらせること**です。勉強以外のことでも構いません。例えば、提出物の整理や部活の用具の手入れでも良いです。何かに手をつければ脳のスイッチも切り替わって勉強へと自然に移れると思います。

それ以外だと**音楽を聴く**のも良いかもしれません。「勉強中に音楽を聴くな。集中できない。」と言う人もいますが、僕は聞いていても集中できました。ラジオやスポーツ中継など内容があるものはダメです。

僕が一番良かったのは、何を言ってるかわからない洋楽を最小限の音量で聞くことです。邪魔はされないけれど、気持ちは落ちつくという良い状況で勉強に取りかかれます。

ここまで色々な方法を紹介してきましたが、やってみようと思えるものはありましたか？もちろんこれらの方法を実践したからといって完璧に計画をこなせるわけではありません。誰しも計画通りに勉強できないことはあります。大切なのはそれにいかに向き合うかです。失敗したら「どうせやれないから計画なんてしないでおこう」と投げやりな気持ちになるのではなく、次はどうすれば良いかを考えましょう！

第9章 公立高校3年生へ

●医学部現役合格を目指すための勉強計画

今考えるべきこと

ついに受験生になりました。時間勝負のこの1年は計画の重要性がより高まります。しかし、高3ともなるとこれまで築いてきた自分なりの勉強があるはずです。特に夏休みを過ぎてからは人の意見を聞いて方向転換している余裕はありません。**この章では今あなたが高3を迎える前、遅くとも高3の夏休みを迎える前である前提で話を進めていきます。**

＊英語について

現時点で英語の勉強はどのくらい進んでいますか？

さすがに英単語や文法の勉強をしていない人はいないと思いますが、英文解釈と英作文が終わっていない人はいるかもしれません。その人たちはまずそれを何よりも優先してください。

すでに長文に入っているにも関わらず英語が苦手な人、具体的にはに河合塾の全統模試で偏差値65以下、駿台模試で60以下の人は必ずこれまでの勉強に穴があります。そのまま長文の練習だけしていても点数は伸びないので、今まで使ってきた問題集を一度見直してみてください。

それでも苦手な分野が見つからなかった人はきっと**英単語**に穴があります。二次試験レベルの英単語帳をやり直しましょう。単語力さえ取り戻せば、最低限の点数を確保できるようになるはずです。

＊数学について

公立生にとって、まず考えないといけないのは**勉強進度**です。

1学期中に数Ⅲまで終わらせる見通しは立っていますか？

授業がいくら遅くても**自分で進めて終わらせてください**。もう数Ⅲまで終わっている人、1学期中に終わりそうな人は、次に数学の出来について考えましょう。

きっと数学を苦手とする人もいると思います。もちろん「演習」を始める前なのでしょうがない部分はありますが、それでも河合塾の全統模試で偏差値65以下、駿台模試で偏差値60以下という人は要注意です。

そこまでの成績を取ってしまうと、その原因は「演習」だけにとどまらず「訓練」にも隠れているはずです。夏休み以降は「演習」に時間をかけたいため、できれば1学期中に**苦手分野の「訓練」をやり直す**必要があります。今まで使ってきた網羅型問題集をもう一度取り出し、1、2周やり直してください。

＊物理について

あなたは物理が得意ですか？　苦手ですか？

苦手な人は要注意です。物理の苦手は力学の苦手なので、力学を克服しないことにはその他の分野を得意にすることはできません。

今習っている分野で精一杯かもしれませんが、**休日だけでも力学の勉強に着手してください。**力学の中でも自分にとって鬼門となる分野はわかっているはずなので、そこを1から理解し直しましょう。

どうしてもやりきれないなら夏休みにやり直すことになります。ただ、夏休みは習いきれなかった単元を予習する期間でもあるので、できれば1学期中に苦手を潰しておきたいです。

＊化学について

今考えるべきは数学と同じく**勉強進度**です。

1学期中に全範囲の内容をひととおり終える目処は立っていますか？

有機化学と無機化学のうち、今授業で取り扱っていないほうは予習する必要があります。数学の予習が終わっていない人はそちら優先ですが、なんとか化学も進めてください。

ここまで各教科の「今考えるべきこと」を挙げてきました。「考えるべきこと」というより「すべきこと」になってしまったかもしれません。当たり前ですが、やり残しのある人、苦手のある人は必然的にやることが多くなります。特に理系科目は夏休み以降にどれだけ演習時間を確保できるかが勝負なので、やれるだけ1学期中に終わらせてください。

夏休みまでの原則

「今考えるべきこと」とかぶる話が多いので手短に書きます。優先順位は**英語の完成＞数学の予習＞化学の予習＞苦手潰し**です。

どれだけやり残しがあっても、最低限予習までは終わらせてください。やれるだけ頑張って夏休みを迎えましょう！

夏休みの原則

＊心構え

夏休みの勉強で注意してほしいポイントは２つあります。

1つは**40日間という勉強時間に期待しすぎないこと**です。誰しも夏休みの前はやりたい勉強がいっぱいあって「絶対やり切るぞ！」と意気込みます。自習室にこもって必死に勉強する自分の姿をイメージすれば、どれだけでもノルマを消化できる気がするかもしれません。

しかし現実はそううまく行きません。夏期講習や模試はたくさんあるし、想像以上に問題集に手こずったりもして勉強時間は次々に失われていきます。その結果計画が破綻し、不完全燃焼で夏休みを終えてしまうのはよくあることです。

それを防ぐために、夏休みに入る前は7月までの計画だけを立てると良いと思います。ひとまず7月を過ごしてみて、8月以降の計画はその経験をもとにどれくらい勉強できるか考えて決めましょう。限度を守った計画を立てて、夏休みが終わったときに「やり切った！」と思えることが大切です。

もう1つのポイントは**休みを作る**ということです。「夏休みは受験の天王山」なんて言われてしまうと休んではいけない気がしますが、そんなことはありません。

むしろずっと缶詰で勉強しているといつか限界がきます。それで体調を崩したり、やる気を失ったりしては本末転倒です。模試の後やお盆など**数日はリフレッシュ**に使いましょう。

夏休みの計画を立てる際はこの2つをしっかり意識してください。学校や予備校などで違うことを言われても気にせずに。一番自分のためになる計画を立てて効率よく勉強しましょう！

＊何をすべきか

ここからは具体的な計画の内容に移ります。

〈苦手潰し〉

まず、最優先は苦手潰しです。夏休み前に終わらなかった部分を潰しましょう。**7月〜8月序盤にひととおりの苦手を克服できると良い**と思います。苦手がいきなり得意に変わることはないので「わかるようになってきた！」という手応えを掴めればOKです。

ちなみに僕は数学全般と化学平衡の計算が苦手でした。人によって苦手の量が違うので、焦らず自分のペースで進めてください。

〈予習〉

苦手潰しの次は予習に入ります。数学と化学は1学期中に予習しきれているはずなので（そう信じます）夏休みに予習するのは残った物理です。1学期までの授業で終わらなかった**電磁気学や原子学の予習**を進めましょう。

この次の「演習」に最低2週間は残したいので、お盆ごろにはひととおりの予習を終えておきたいです。どうしても無理そうなら原子学をあきらめてください。原子学くらいなら2学期にリカバリーできます。

〈演習〉

苦手潰しも予習も終わったらついに演習の時間がやってきます。ここまで長かったですね。夏休みの残された時間を存分に使って、各教科の演習用問題集を進めましょう。

物理の演習に関しては第2章で「過去問のみ」と書きました。ただ、今の時期に過去問をやるのはまだ早いので、物理は「訓練」用の問題集をもう1周してください。

どの科目も演習は2学期以降まで続くので、優先順位を決めて夏休み中にやる範囲を絞りましょう。夏休み後に「やり切った！」という実感が欲しいのでキリ良く計画することが重要です。

ここまでが夏休みにすべき勉強の全貌になります。文章にすると簡潔に見えますが、実際はものすごく密度の濃い勉強です。40日間を使って着実にコマを進めていきましょう。

最後に、ここまで触れませんでしたが**英語長文も週に数回以上勉強する**ことをおすすめします。理系科目の合間の休憩にでも進めてください。

＊夏期講習について

予備校に通っている人もいない人も夏期講習について気になっているはずです。タイトルだけ見るといろんな講座が魅力的に思えます。

しかしここまで書いてきたように夏休みは自分で勉強すべきことがたくさんあります。それと比べて授業を受けるだけの講習は楽ですが、その分効果は薄いです。**全く取らない**、もしくは**前半に1個、後半に1個くらい**がちょうど良いと思います。ちなみに僕は夏休みの前半に1講座だけ受けました。

もし仮に取るとしたら次の講座がおすすめです。きっとどの予備校にもあると思います。

・分野別講座

「苦手潰し」や「予習」の一環として分野別講座を受けるのは1つの手かもしれません。僕が取ったのは物理の電磁気学の予習講座です。物理は自分で予習するのが大変なので受けて良かったと思います。

・数学演習講座

講座を受けるメリットは自分の答案を添削してもらえることです。自習では気づけない自分の癖を教えてもらえるかもしれないので、「演習」の一環として受講してみると良いかもしれません。

※夏期講習は受講しようとしまいと自由ですが、冠模試は絶対に受験しましょう。詳しくは本書97ページのコラムを参照してください。

夏休み後から12月までの原則

＊心構え

夏休みを満足に過ごせた人も過ごせなかった人も、これからの3ヶ月にかける思いは強いと思います。しかし、学校が始まってから**夏休みと同じテンションで勉強を続けることは不可能**です。受験が刻一刻と迫ってきて焦る気持ちはわかりますが、優先順位を決めて必要な勉強から着実に終わらせることを考えましょう。

＊何をすべきか

〈演習〉

まずすべきは、**夏休みから続いている演習**です。夏休みに終わらなかった分の問題集をやり切りましょう。遅くとも10月の中盤までには終わるはずです。

※夏休みと同じく英語長文も継続してやるように。

その次は二次試験の過去問演習に移ります。基本は教科別、分野別に進めることになりますが、1、2年分は土日を活用して本番通りに解いてみてください。

問題文のクセや出題傾向に注意して、気づいたことをノートにまとめておくと入試直前に役に立つと思います。また、解答の仕方も意識してほしいので、論述問題は学校や予備校の先生に添削してもらいましょう。

もちろん合格者最低点が取れることに越したことはないですが、それがすべてではありません。現役生のほとんどは秋の時点で合格点を取れないので、焦らないように。

大切なのは**分析**です。合格点を取るためにあと何が必要かを考えて、共通テスト後の二次試験対策に生かしてください。

〈振り返り〉

第1回の冠模試の結果は9月に返されるはずです。それを見ればおそらく穴となる分野が見つかると思います。

演習と並行してその**穴を補充する勉強**をやりましょう。「苦手」とまではいかなくても、まだ勉強し足りない部分だと思うので早めに潰すのが肝心になります。9月から10月の初旬にかけて終わらせてください。11月の第2回でリベンジです。

〈志望校の確認〉

勉強に追加してこれもやってください。冠模試の手応えや結果を見れば、戦えそうなのかわかると思います。浪人覚悟で突っ走るのか、1つ下げるのか、共通テストで何点必要なのかといったことを考えておきましょう。

1つアドバイスがあるとするなら**「理由付け」**をしっかりすることです。「なぜその学校にするのか」「その学校に行くメリットは」「他の学校とはどう違うのか」といったことを曖昧にするとモチベーションは確実に下がります。「しょうがないから〇〇大学でいいや」なんていう軽い気持ちで受験したら絶対に不合格になると思ってください。たとえA判定を取っていてもです。

ここまでが夏休み後の原則になります。学校が再開して時間的にも大変だと思いますが、二次試験の点数を決めるのはこの時期の勉強です。共通テスト対策へ移る前に、ある程度戦える学力を装備しましょう！

共通テスト前後の原則

＊冬期講習・直前講習について

この時期に気になるのはやはり冬期講習、直前講習です。大学別の講座があったり、的中を謳う講座があったりして受験生を誘惑します。聞いた話によると大手予備校では10個近い講習を取る人がたくさんいるそうです。

しかし、そんなに多くの講習を取る必要はありません。冬期講習と直前講習を**合わせて2、3個**で良いと思います。理由は夏期講習と同じで、自分の勉強時間を取られてしまうからです。さらにこの時期だと風邪をもらってくる可能性も高まります。僕は冬期講習で1個、直前講習で1個の講座を取りました。

おすすめの講座は次のものになります。

〈冬期講習〉

・共通テスト対策　社会

社会だけは的中の可能性も高く、新しい知識を入れる良い機会になるのでおすすめです。基礎的な知識は自分で勉強できるので、講義形式の講座よりもテスト形式の講座がおすすめです。僕は地理のテスト講座を取りました。知識の補充には良かったと思います。

・共通テスト対策　リスニング

リスニングは市販の教材が少ないため、苦手な人は講座を取ることをおすすめします。本番と同じような機械を使わせてもらえるとなお良いです。

※共通テスト対策の国語の講座はおすすめできません。特に現代文は人気ですが、やめたほうが良いです。冬期講習で講座を取って急に伸びた人は私が知る限り1人も見たことがないし、むしろ小手先のテクニックを仕込まれて感覚が狂います。それよりも過去問や予想問題で実際の出題形式に慣れた方がよっぽど効果は高いです。

〈直前講習〉

・志望校本番テスト

入試本番のように予想問題を解く講座です。1、2日で終わるものなので時間は取られないし、本番さながらの緊張感で問題を解く経験をできるのは大きいと思います。僕も志望校のテスト講座を受けました。

＊共通テスト対策

12月からはいよいよ共通テスト対策にシフトしなくてはいけません。二次試験の勉強にやり残しがあっても、学校のテストが重なっても関係ありません。**全員に必要なこと**です。選択式の問題はクセが強いので、この先1ヶ月半の勉強で点数は大きく変わります。

〈学校が終わるまで〉

学校が終わるまでの間は共通テストの過去問演習に時間をかけられません。なのでそれを逆手にとって**暗記に終始しましょう。**

主なものは古典の知識、数学の公式、英単語、物理の公式、化学の知識、社会の知識などです。やることが多いのでチェックリストを作って、確認しながら進めると良いかもしれません。かなり大変ですが、ここを飛ばして過去問演習だけしても意味がないので我慢するのみです。

〈学校が終わってから正月明けまで〉

この時期が過去問や予想問題をやる期間です。過去問は量が少ないので**序盤は予想問題が中心**になると思います。

単純に1年分解いても疲れるだけなので、**教科別、分野別に絞ってまとめてやる**ことをおすすめします。

ただし、この期間に暗記から離れるとすぐに知識が抜けてしまいます。演習しながら**1日1時間くらいは暗記時間**を作ると良いかもしれません。

正月明けは1年分、本番通りに過去問を解いてみましょう。起床時間もご飯もすべてを本番通りにやってみると、緊張感を得られるしイメトレにもなると思います。

〈正月明けから本番まで〉

本番まで残り1、2週間です。ここまで直前になると勉強以上に**体調管理**が重要になります。切羽詰まった計画をするのではなく、起床時間と就寝時間を決めて**休むことを優先**に考えましょう。8時間は寝られると良いと思います。

また、勉強以外にいくつかやらなくてはいけないことがあります。

1つ目は**会場の下見**です。大学で開催される場合が多いと思うので、行き方や校舎、雰囲気などを確認してください。本番の緊張を取るのには意外と大切な作業です。

2つ目は**持ち物の確認**です。鉛筆と受験票さえあれば受験はできますが、タオルやカイロ、クッションなど個別で必要なものはあると思います。前日はそんなことをしている余裕がないかもしれないので、冷静に考えられる1週間前くらいに用意してください。

3つ目は**共通テスト後の計画**です。後で書きますが、共通テスト後はとにかく忙しくなります。事前に予定を立てておかないと勉強せず、無駄な時間を過ごしてしまいがちです。二次試験の対策は後々書くのでそれを参考に計画してください。

共通テストの2日間は本当に長く思えると思います。「一刻も早く緊張感から解放されたい」という気持ちが本音ですよね。しかしそんなに先のことばかり考えていると足をすくわれます。

今は一歩一歩、目の前の問題に向き合うことだけに集中してください。逃げずに戦っていれば、テストは知らぬ間に終わります。

*自己採点・受験校決定

共通テストの自己採点は必ず、2日とも終わってからにしましょう。1日目に採点するメリットはありません。結果が悪かった場合は言うまでもありませんが、結果が良かった場合も必ず気の緩みが出るので我慢です。

自己採点が終わったら、予備校のリサーチを利用すると思います。判定などが出て参考にはなりますが、それがすべてではありません。C判定でも二次試験で逆転は可能だし、A判定でも合格を保証するものではありません。信用しすぎないように。

これらを踏まえて次は受験校を決定します。夏休み後に確認した内容をもとに現実を直視した選択をする必要があります。いろいろな人に相談するのもありですが、**結局は自分**です。最後はスパッと決めてください。

ここまでで大体1週間です。疲れている中で考えることがたくさんあり大変ですが、勉強にも手をつけなくてはいけません。詳しくは二次試験対策のところで書きます。

＊出願

受験校が決まったら出願準備をします。一番大変なのが**志望理由書**です。これはほとんどの大学で課されると思います。推薦、前期、後期などと複数書かないといけない人もいるかもしれません。文字数は４００字前後ですが、今まで志望理由書を書いた経験がない人にとっては結構大変です。ここでは志望理由書を書く際のポイントをまとめたいと思います。ポイントがわかればどのくらいで書けるか目安ができるはずです。

〈ルール〉

・「御校」ではなく「貴校」と書く。
・一人称は「私」
・段落を分ける。
・指定文字数の9割くらいは書く。
・文末はですます。
・改行するときは1マス下げる。

守らなくてはいけないのはこれくらいです。基本は小学校のときの作文と同じだと思ってください。段落は3つくらいに分けると良いと思います。

〈内容の注意点〉

・導入→志望理由→決意表明→まとめという流れ

・志望大学の良さや医師を志す理由は例を交えて具体的に

・自分にしかないエピソード

まず、最初の段落では「私は～のため貴校を志望します。」のように簡潔に志望理由を表明しましょう。

次の段落ではその志望理由に具体例などを加えて補足していきます。ここで重要なのは「父が医師をしており、人々から感謝されるその姿に憧れて医師を目指しました。」などといった稚拙でありきたりな理由ではなく、考えているなと思わせる理由を書くことです。高齢化問題の解決などの社会貢献をアピールするか、その大学にしかない特徴を挙げるかすると良いと思います。

自分の中で将来の医師像が固まっていない人は集中力や人間性など医師としての適性を志望理由に含めると良いかもしれません。その場合は部活や学校行事の経験を交えて具体的なエピソードを書くと説得力が増します。

最後の段落の決意表明では、医学を学ぶ意欲や留学への思いなど入学後の話が中心になると思います。そこまでたくさんの文字数は必要ないので、志望理由を補強するイメージで書きましょう。

まとめは冒頭の導入を言葉を変えて繰り返す形で構いません。これも1、2行で良いと思います。

ここまでが志望理由書のポイントです。書いた後は担任の先生に添削してもらいましょう。本当は僕の志望理由書をそのまま載せれば一番わかりやすいかもしれませんが、さすがに恥ずかしいので、見たい人は個別にメールをください。

志望理由書を書き終わったら他の書類と合わせて出願します。ここまでが2週間目にやることです。勉強と並行して上手に時間を使ってください。

＊二次試験対策

〈共通テスト直後の1週間〉

この1週間は**リハビリ期間**になります。記号問題に明け暮れたこれまでの勉強を忘れて、再び二次試験に向けた勉強を始めましょう。

二次試験の感覚を取り戻すのに一番おすすめなのは**英語長文**と**数Ⅲの微積**です。忙しい中でもこの2つだけはやり切ってください。

〈2月初旬まで〉

数学と理科の夏休みから使ってきた演習用の問題集をとにかく進めましょう。知っている問題ばかりですから、2週間もあればひととおり見切れるはずです。もちろん英語長文も毎日解く必要があります。

ここまでやると二次力は完全に戻ってきます。ここからは過去問で問題数をこなしましょう。共通テストと同じく本番通りに解く練習もしておくと良いと思います。

〈直前1週間〉

二次試験直前1週間はやはり体調管理が大切です。8時間は寝ましょう。

二次試験前も勉強以外にやることがあります。

1つ目は**会場の下見**です。共通テストと同じですが、二次試験の場合は志望大学そのものが会場になるので験担ぎも兼ねて、ぜひ見学に行くと良いと思います。

2つ目は**持ち物の確認**です。こちらも共通テスト前と同じですが、二次試験は持ち物が多くなると思うので入念にチェックしてください。

3つ目は**面接の準備**です。対策についてはコラムで書きました。1日は面接のために使えると良いと思います。

ついに合否が決まってしまうということでかなり緊張すると思いますが、気負う必要はありません。医学部の入試はともに病院で働いたり、研究したりする「仲間」を募集するものです。そのための入試問題なので、あなたが「医師になりたい」「医学について知りたい」という強い気持ちを持ってこれまで積み上げてきた努力は、必ず正当に評価されると思います。いつも通り自然体を心がけて会場に向かいましょう。結果は後からついてきます。

コラム 計画通りに勉強しても結果が出ない人へ

ここでは162ページのコラムの1つ上のステップ、計画通りに勉強したのに結果が出ない人への話をしたいと思います。

よく言われる話で「勉強してから成果が現れるまでに数ヶ月かかる」というのがありますが、これは本当です。

勉強という作業を単純化すると「理解→記憶→定着」という3段階に分かれます。数時間の勉強でたどり着けるのは記憶までです。それを定着させるには問題を解いたり、同じものを何度も復習したりという長期的な作業が必要になります。

勉強の成果が現れるのはその過程を通り越して定着した後です。定着して初めて「意識しなくてもわかる」という確かな実感を得られるのです。

計画通りに勉強しても結果が出ない理由の1つはこれだと思います。**もう少し辛抱して勉強を続ければ結果が現れてくるかもしれません。**

しかし中には「そんなことはわかっている。もう1年以上成績が伸びないんだ」という人もいるかと思います。

その人たちに足りていないものの1つは**柔軟さ**かもしれません。自分の解き方に固執すると、それが間違っていたときに自分で気づけなくなってしまいます。そういう時は先生に見てもらうしかありません。

数学や英語ならテストの自分の解答を見てもらうと良いと思います。それ以外の教科は自分で問題集を解き、解答に至るまでの過程を説明して間違いを指摘してもらいましょう。新たな発見があるかもしれません。

最後に1つ、結果の捉え方をアドバイスしたいと思います。受験生、特に高3の夏休み以降は誰しもが猛勉強しています。そうすると相対的な評価をする偏差値や順位は伸びないことも多いです。それが「結果が出ない」ことにつながっている場合もあります。

そんな時に学力の伸びを保証するのは**自分の手応え**です。たとえ偏差値が伸びなくても、テストを解くときに「これならわかる」「あと少しで解けそう」という実感を得られれば学力は十分ついてきています。あなたの勉強は間違っていません。しょうもない数字に気を取られず入試本番まで走り抜けてください。その時には一番大切な「結果」がきっと出るはずです！

第10章

私立高校3年生へ

●医学部現役合格を目指すための勉強計画

今考えるべきこと

ついに受験生になりました。これまでのリードの意味はこの1年の過ごし方で変わってきます。しかし、高3ともなるとこれまで築いてきた自分なりの勉強があるはずです。特に夏休みを過ぎてからは人の意見を聞いて方向転換している余裕はありません。**この章では今あなたが高3を迎える前、遅くとも高3の夏休みを迎える前である前提で話を進めていきます。**

また、高3ともなると公立生もだいぶ追いついてくるので第9章とかぶる話もたくさん出てくるかと思います。あらかじめご理解ください。それでは本題に移ります。

＊英語について

現時点で英語の勉強はどのくらい進んでいますか？

さすがに英単語や文法の勉強をしていない人はいないと思いますが、英文解釈と英作文が終わっていない人はいるかもしれません。その人たちはまずそれを何よりも優先してください。すでに長文に入っているにも関わらず英語が苦手な人、具体的には河合塾の全統模試で偏差値65以下、駿台模試で60以下の人は必ずこれまでの勉強に穴があります。そのまま長文の練習だけしていても点数は伸びないので、今まで使ってきた問題集を一度見直してみてください。

それでも苦手な分野が見つからなかった人はきっと**英単語**に穴があります。二次試験レベルの英単語帳をやり直しましょう。単語力さえ取り戻せば、最低限の点数を確保できるようになるはずです。

＊数学について

理系とはいえ中にはきっと数学を苦手とする人もいると思います。全範囲の勉強を終えたばかりで「演習」をしていないと思うので、しょうがない部分はありますが、それでも河合塾の全統模試で偏差値65以下、駿台模試で偏差値60以下という人は要注意です。

そこまでの成績を取ってしまうと、その原因は「演習」だけにとどまらず「訓練」にも隠れているはずです。夏休み以降は「演習」に時間をかけたいため、できれば1学期中に**苦手分野の「訓練」をやり直す**必要があります。今まで使ってきた網羅型問題集をもう一度取り出し、1、2周やり直してください。

＊物理について

あなたは物理が得意ですか？ 苦手ですか？

苦手な人は要注意です。物理の苦手は力学の苦手なので、力学を克服しないことにはその他の分野を得意にすることはできません。

そんなあなたは今習っている分野の勉強に加えて、力学のやり直しも必要です。力学の中でも自分にとって鬼門となる分野はわかっているはずなので、そこを1から理解し直しましょう。

やり切れないなら夏休みに勉強することになります。ただ、夏休みは習いきれなかった単元を予習する期間でもあるので、できれば1学期中に苦手を潰しておきたいです。

*化学について

今考えるべきは**勉強進度**です。理科は私立でも遅い学校があります。

1学期中に全範囲の内容をひととおり終える目処は立っていますか？

有機化学と無機化学のうち、今授業で取り扱っていないほうは予習する必要があります。

ここまで各教科の「今考えるべきこと」を挙げてきました。「考えるべきこと」というより「すべきこと」になってしまったかもしれません。当たり前ですが、やり残しのある人、苦手のある人は必然的にやることが多くなります。特に理系科目は夏休み以降にどれだけ演習時間を確保できるかが勝負なので、やれるだけ1学期中に終わらせてください。

夏休みまでの原則

「今考えるべきこと」とかぶる話が多いので手短に書きます。優先順位は**英語の完成**∧**化学の予習**∧**苦手潰し**です。

数学は苦手潰しが終わり次第、「演習」に入ってください。やれるだけ頑張って夏休みを迎えましょう!

夏休みの原則

*・心構え

夏休みの勉強で注意してほしいポイントは2つあります。

1つは**40日間という勉強時間に期待しすぎないこと**です。誰しも夏休みの前はやりたい勉強がいっぱいあって「絶対やり切るぞ!」と意気込みます。自習室にこもって必死に勉強する自分の姿をイメージすれば、どれだけでもノルマを消化できる気がするかもしれません。

しかし現実はそううまく行きません。夏期講習や模試はたくさんあるし、想像以上に問題集に手こずったりもして勉強時間は次々に失われていきます。その結果計画が破綻し、不完全燃焼で夏休みを終えてしまうのはよくあることです。

それを防ぐために、夏休みに入る前は7月までの計画だけを立てると良いと思います。ひとまず7月を過ごしてみて、8月以降の計画はその経験をもとにどれくらい勉強できるか考えて決めましょう。限度を守った計画を立てて、夏休みが終わったときに「やり切った！」と思えることが大切です。

もう1つのポイントは**休みを作る**ということです。「夏休みは受験の天王山」なんて言われてしまうと休んではいけない気がしますが、そんなことはありません。

むしろずっと缶詰で勉強しているといつか限界がきます。それで体調を崩したり、やる気を失ったりしては本末転倒です。模試の後やお盆など**数日はリフレッシュ**に使いましょう。

夏休みの計画を立てる際はこの2つをしっかり意識してください。学校や予備校などで違うことを言われても気にせずに。一番自分のためになる計画を立てて効率よく勉強しましょう！

＊何をすべきか

ここからは具体的な計画の内容に移ります。

〈苦手潰し〉

まず、最優先は苦手潰しです。夏休みまでに終わらなかった部分を潰しましょう。

7月中にひととおりの苦手を克服できると良いと思います。苦手がいきなり得意に変わることはないので「わかるようになってきた！」という手応えを掴めればＯＫです。

ちなみに僕は数学全般と化学平衡の計算が苦手でした。今手帳を見ると8月の5日にそれらをひととおり勉強し終えています。少し時間をかけすぎたかもしれませんね（笑）

〈予習〉

夏休みに予習するのは物理です。1学期までの授業で終わらなかった**電磁気学や原子学の予習**を進めましょう。そこまで量は多くないはずなので、8月序盤に終わらせてください。

〈演習〉

3つ目のすべきことは「演習」です。といっても数学はすでに演習し始めているので、夏休みもそれを継続してください。夏休み中に標準問題集を1冊終えられるとベストです。

新しく「演習」を始めるのは物理と化学だと思います。

物理の演習に関しては第2章で「過去問のみ」と書きました。ただ、今の時期に過去問をやるのはまだ早いので、物理は「訓練」用の問題集をもう1周してください。

数学と違い、物理、化学の問題集はさすがに夏休み中では終わりません。優先順位を決めて夏休み中にやる範囲を絞りましょう。夏休み後に「やり切った！」という実感が欲しいのでキリ良く計画することが重要です。

ここまでが夏休みにすべき勉強の全貌になります。文章にすると簡潔に見えますが、実際はものすごく密度の濃い勉強です。40日間を使って着実にコマを進めていきましょう。

最後に、ここまで触れませんでしたが**英語長文も週に数回以上勉強する**ことをおすすめします。理系科目の合間の休憩にでも進めてください。

＊夏期講習について

予備校に通っている人もいない人も夏期講習について気になっているはずです。タイトルだけ見るといろんな講座が魅力的に思えます。

しかしここまで書いてきたように夏休みは自分で勉強すべきことがたくさんあります。それと比べて授業を受けるだけの講習は楽ですが、その分効果は薄いです。**全く取らない**、もしくは**前半に1個、後半に1個くらい**がちょうど良いと思います。ちなみに僕は夏休みの前半に1講座だけ受けました。

もし仮に取るとしたら次の講座がおすすめです。きっとどの予備校にもあると思います。

・分野別講座

「苦手潰し」や「予習」の一環として分野別講座を受けるのは1つの手かもしれません。僕が取ったのは物理の電磁気学の予習講座です。物理は自分で予習するのが大変なので受けて良かったと思います。

・数学演習講座

講座を受けるメリットは自分の答案を添削してもらえることです。自習では気づけない自分の癖を教えてもらえるかもしれないので、「演習」の一環として受講してみると良いかもしれません。

※夏期講習は受講しようとしまいと自由ですが、冠模試は絶対に受験しましょう。詳しくは本書97ページのコラムを参照してください。

夏休み後から12月までの原則

＊心構え

夏休みを満足に過ごせた人も過ごせなかった人も、これからの3ヶ月にかける思いは強いと思います。しかし、学校が始まってから**夏休みと同じテンションで勉強を続けることは不可能**です。受験が刻一刻と迫ってきて焦る気持ちはわかりますが、優先順位を決めて必要な勉強から着実に終わらせることを考えましょう。

＊何をすべきか

〈演習〉

まずすべきは**演習**です。物理、化学は夏休みに終わらなかった分の問題集をやり切りましょう。遅くとも10月の中盤までには終わるはずです。

数学は過去問演習に入ります。やる量については第2章で書きました。1年分を解くのは大変なので、まずは分野別に演習を進めてください。

また、これらの教科に加えて英語長文もやるように。

物理、化学の問題集が終わったら全教科で二次試験の過去問演習に移ります。基本は教科別、分野別に進めることになりますが、1、2年分は土日を活用して本番通りに解いてみてください。問題文のクセや出題傾向に注意して、気づいたことをノートにまとめておくと入試直前に役に立つと思います。また、解答の仕方も意識してほしいので、論述問題は学校や予備校の先生に添削してもらいましょう。

もちろん合格者最低点が取れることに越したことはないですが、それがすべてではありません。現役生のほとんどは秋の時点で合格点を取れないので、焦らないように。

大切なのは**分析**です。合格点を取るためにあと何が必要かを考えて、共通テスト後の二次試験対策に生かしてください。

〈振り返り〉

第1回の冠模試の結果は9月に返されるはずです。それを見ればおそらく穴となる分野が見つかると思います。

演習と並行してその**穴を補充する勉強**をやりましょう。「苦手」とまではいかなくても、まだ勉強し足りない部分だと思うので早めに潰すのが肝心になります。9月から10月の初旬にかけて終わらせてください。11月の第2回でリベンジです。

〈志望校の確認〉

勉強に追加してこれもやってください。冠模試の手応えや結果を見れば、戦えそうなのかわかると思います。浪人覚悟で突っ走るのか、1つ下げるのか、共通テストで何点必要なのかといったことを考えておきましょう。

1つアドバイスがあるとするなら**「理由付け」**をしっかりすることです。「なぜその学校にするのか」「その学校に行くメリットは」「他の学校とはどう違うのか」といったことを曖昧にするとモチベーションは確実に下がります。「しょうがないから〇〇大学でいいや」なんていう軽い気持ちで受験したら絶対に不合格になると思ってください。たとえA判定を取っていてもです。

ここまでが夏休み後の原則になります。学校が再開して時間的にも大変だと思いますが、二次試験の点数を決めるのはこの時期の勉強です。共通テスト対策へ移る前に、ある程度戦える学力を装備しましょう!

共通テスト前後の原則

＊冬期講習・直前講習について

この時期に気になるのはやはり冬期講習、直前講習です。大学別の講座があったり、的中を謳う講座があったりして受験生を誘惑します。聞いた話によると大手予備校では10個近い講習を取る人がたくさんいるそうです。

しかし、そんなに多くの講習を取る必要はありません。冬期講習と直前講習を**合わせて2、3個**で良いと思います。理由は夏期講習と同じで、自分の勉強時間を取られてしまうからです。さらにこの時期だと風邪をもらってくる可能性も高まります。僕は冬期講習で1個、直前講習で1個の講座を取りました。

おすすめの講座は次のものになります。

〈冬期講習〉

・共通テスト対策　社会

社会だけは的中の可能性も高く、新しい知識を入れる良い機会になるのでおすすめです。基礎的な知識は自分で勉強できるので講義形式の講座よりもテスト形式の講座がおすすめです。僕は地理のテスト講座を取りました。知識の補充には良かったと思います。

・共通テスト対策　リスニング

リスニングは市販の教材が少ないため、苦手な人は講座をとることをおすすめします。本番と同じような機械を使わせてもらえるとなお良いです。

※共通テスト対策の国語の講座はおすすめできません。特に現代文は人気ですが、やめたほうが良いです。冬期講習で講座を取って急に伸びた人は私の知る限り1人も見たことがないし、むしろ小手先のテクニックを仕込まれて感覚が狂います。それよりも過去問や予想問題で実際の出題形式に慣れた方がよっぽど効果は高いです。

〈直前講習〉

・志望校本番テスト

入試本番のように予想問題を解く講座です。1、2日で終わるものなので時間は取られないし、本番さながらの緊張感で問題を解く経験をできるのは大きいと思います。僕も志望校のテスト講座を受けました。

＊共通テスト対策

12月からはいよいよ共通テスト対策にシフトしなくてはいけません。二次試験の勉強にやり残しがあっても、学校のテストが重なっても関係ありません。**全員に必要なこと**です。選択式の問題はクセが強いので、この先1ヶ月半の勉強で点数は大きく変わります。

〈学校が終わるまで〉

学校が終わるまでの間は共通テストの過去問演習に時間をかけられません。なのでそれを逆手にとって**暗記に終始しましょう。**

主なものは古典の知識、数学の公式、英単語、物理の公式、化学の知識、社会の知識などです。やることが多いのでチェックリストを作って、確認しながら進めると良いかもしれません。かなり大変ですが、ここを飛ばして過去問演習だけしても意味がないので我慢するのみです。

〈学校が終わってから正月明けまで〉

この時期が過去問や予想問題をやる期間です。過去問は量が少ないので**序盤は予想問題が中心**になると思います。単純に1年分解いても疲れるだけなので、**教科別、分野別に絞ってまとめてやる**ことをおすすめします。ただし、この期間に暗記から離れるとすぐに知識が抜けてしまいます。演習しながら**1日1時間くらいは暗記時間**を作ると良いかもしれません。

〈正月明けから本番まで〉

正月明けは1年分、本番通りに過去問を解いてみましょう。起床時間もご飯も全てを本番通りにやってみると、緊張感を得られるしイメトレにもなると思います。

本番まで残り1、2週間です。ここまで直前になると勉強以上に**体調管理**が重要になります。

切羽詰まった計画をするのではなく、起床時間と就寝時間を決めて**休むことを優先**に考えましょう。8時間は寝られると良いと思います。

また、勉強以外にいくつかやらなくてはいけないことがあります。

1つ目は**会場の下見**です。大学で開催される場合が多いと思うので、行き方や校舎、雰囲気などを確認してください。本番の緊張を取るのには意外と大切な作業です。

2つ目は**持ち物の確認**です。鉛筆と受験票さえあれば受験はできますが、タオルやカイロ、クッションなど個別で必要なものはあると思います。前日はそんなことをしている余裕がないかもしれないので、冷静に考えられる1週間前くらいに用意してください。

3つ目は**共通テスト後の計画**です。後で書きますが、共通テスト後はとにかく忙しくなります。事前に予定を立てておかないと勉強せず、無駄な時間を過ごしてしまいがちです。二次試験の対策は後々書くのでそれを参考に計画してください。

共通テストの2日間は本当に長く思えると思います。「一刻も早く緊張感から解放されたい」という気持ちが本音ですよね。しかしそんなに先のことばかり考えていると足をすくわれます。今は一歩一歩、目の前の問題に向き合うことだけに集中してください。逃げずに戦っていれば、テストは知らぬ間に終わります。

＊自己採点・受験校決定

共通テストの自己採点は必ず、2日とも終わってからにしましょう。1日目に採点するメリットはありません。結果が悪かった場合は言うまでもありませんが、結果が良かった場合も必ず気の緩みが出るので我慢です。

自己採点が終わったら、予備校のリサーチを利用すると思います。判定などが出て参考にはなりますが、それがすべてではありません。C判定でも二次試験で逆転は可能だし、A判定でも合格を保証するものではありません。信用しすぎないように。

これらを踏まえて次は受験校を決定します。夏休み後に確認した内容をもとに現実を直視した選択をする必要があります。いろいろな人に相談するのもありですが、**結局は自分**です。最後はスパッと決めてください。

ここまでで大体1週間です。疲れている中で考えることがたくさんあり大変ですが、勉強にも手をつけなくてはいけません。詳しくは二次試験対策のところで書きます。

＊出願

受験校が決まったら出願準備をします。一番大変なのが**志望理由書**です。これはほとんどの大学で課されると思います。推薦、前期、後期などと複数書かないといけない人もいるかもしれません。文字数は400字前後ですが、今まで志望理由書を書いた経験がない人にとっては結構大変です。ここでは志望理由書を書く際のポイントをまとめたいと思います。ポイントがわかればどのくらいで書けるか目安ができるはずです。

〈ルール〉

・「御校」ではなく「貴校」と書く。
・一人称は「私」
・段落を分ける。
・指定文字数の9割くらいは書く。
・文末はですます。
・改行するときは1マス下げる。

守らなくてはいけないのはこれくらいです。基本は小学校のときの作文と同じだと思ってください。段落は3つくらいに分けると良いと思います。

〈内容の注意点〉

・導入→志望理由→決意表明→まとめという流れ
・志望大学の良さや医師を志す理由は例を交えて具体的に
・自分にしかないエピソード

まず、最初の段落では「私は～のため貴校を志望します。」のように簡潔に志望理由を表明しましょう。

次の段落ではその志望理由に具体例などを加えて補足していきます。ここで重要なのは「父が医師をしており、人々から感謝されるその姿に憧れて医師を目指しました。」などといった稚拙でありきたりな理由ではなく、考えているなと思わせる理由を書くことです。高齢化問題の解決などの社会貢献をアピールするか、その大学にしかない特徴を挙げるかすると良いと思います。

自分の中で将来の医師像が固まっていない人は集中力や人間性など医師としての適性を志望理由に含めると良いかもしれません。その場合は部活や学校行事の経験を交えて具体的なエピソードを書くと説得力が増します。

最後の段落の決意表明では、医学を学ぶ意欲や留学への思いなど入学後の話が中心になると思います。そこまでたくさんの文字数は必要ないので、志望理由を補強するイメージで書きましょう。

まとめは冒頭の導入を言葉を変えて繰り返す形で構いません。これも1、2行で良いと思います。

ここまでが志望理由書のポイントです。書いた後は担任の先生に添削してもらいましょう。本当は僕の志望理由書をそのまま載せればー番わかりやすいかもしれませんが、さすがに恥ずかしいので、見たい人は個別にメールをください。

志望理由書を書き終わったら他の書類と合わせて出願します。ここまでが2週間目にやることです。勉強と並行して上手に時間を使ってください。

＊二次試験対策

〈共通テスト直後の1週間〉

この1週間は**リハビリ期間**になります。記号問題に明け暮れたこれまでの勉強を忘れて、再び二次試験に向けた勉強を始めましょう。

二次試験の感覚を取り戻すのに一番おすすめなのは**英語長文**と**数Ⅲの微積**です。忙しい中でもこの2つだけはやり切ってください。


〈2月初旬まで〉

数学と理科の夏休みから使ってきた演習用の問題集をとにかく進めましょう。知っている問題ばかりですから、2週間もあればひととおり見切れるはずです。もちろん英語長文も毎日解く必要があります。

ここまでやると二次力は完全に戻ってきます。ここからは過去問で問題数をこなしましょう。共通テストと同じく本番通りに解く練習もしておくと良いと思います。

〈直前1週間〉

二次試験直前1週間はやはり体調管理が大切です。8時間は寝ましょう。

二次試験前も勉強以外にやることがあります。

1つ目は**会場の下見**です。共通テストと同じですが、二次試験の場合は志望大学そのものが会場になるので験担ぎも兼ねて、ぜひ見学に行くと良いと思います。

2つ目は**持ち物の確認**です。こちらも共通テスト前と同じですが、二次試験は持ち物が多くなると思うので入念にチェックしてください。

3つ目は**面接の準備**です。対策についてはコラムで書きました。1日は面接のために使えると良いと思います。

ついに合否が決まってしまうということでかなり緊張すると思いますが、気負う必要はありません。医学部の入試はともに病院で働いたり、研究したりする「仲間」を募集するものです。そのための入試問題なので、あなたが「医師になりたい」「医学について知りたい」という強い気持ちを持ってこれまで積み上げてきた努力は、必ず正当に評価されると思います。いつも通り自然体を心がけて会場に向かいましょう。結果は後からついてきます。

おわりに

ここまで読んでいただきありがとうございます。10章に及ぶ計画の原則とコラムの中で僕の伝えたいことはすべて書いたつもりです。皆さんが抱えていた迷いを晴らすような話をお届けできたでしょうか。

途中でも書きましたが、勉強はあくまで確率を上げる作業です。その確率が100%になることはありません。どれだけ努力をしても本番の運次第で報われない人は出てきてしまいます。

しかし、どんな結果であろうとこの本を読んだあなたが自分で考えて計画を立て、勉強を進めたことは事実です。そしてそれこそが医学部受験で試されている医師としての適性ではないかと僕は思います。そんな経験をできたことに感謝し、誇りに思って前に進んでいきましょう！

最後になりましたが、本書を読んでくださった読者の皆様、そして出版の機会を与えてくださったエール出版社様、本当にありがとうございました。

いつかどこかの大学、はたまたどこかの病院であなたに出会える日を楽しみにしています！　ともに頑張っていきましょう！

■著者プロフィール■

メディ之助（めでぃのすけ）

出版当時、国立大学医学部１年生。公立小学校、中学校を卒業。医学部を目指す上で勉強の遅れを感じ、独自の勉強計画を編み出す。
2020 年度入試で国立大学医学部に現役合格。センター試験 840 点。メールでの相談も受付中。
(medinosuke227@gmail.com)

勉強計画
～難関国公立大学医学部に現役合格する～

2020 年９月５日　初版第１刷発行

著　者　　メディ之助
編集人　　清水智則　／　発行所　　エール出版社
〒 101-0052　東京都千代田区神田小川町 2-12
信愛ビル４Ｆ
e-mail　info@yell-books.com
電　話　03(3291)0306
ＦＡＸ　03(3291)0310

＊定価はカバーに表示してあります。
乱丁・落丁本はおとりかえいたします。

ISBN978-4-7539-3483-6